국제질서 대전환과 남북관계

초판 1쇄 2022년 12월 30일

기획·엮음 민족화해협력범국민협의회 정책위원회
저자 김성민 박인휘 성기영 홍석훈 최지영 정대진 안병민 강성진 김영훈 강영식 전영선
펴낸곳 강돌북스
펴낸이 전진우
출판등록 2021년 3월 3일 제2021-000052호
주소 서울특별시 서초구 동산로14길 2, 2층(양재동)
이메일 master_red@naver.com

ISBN 979-11-974944-3-7 (03340)
정가 15,000원

본 책에 수록된 내용은 연구진의 견해이며,
민족화해협력범국민협의회의 공식적인 의견을 반영하는 것은 아닙니다.

국제질서 대전환과
남북관계

강돌북스

발간사

안녕하십니까.
민족화해협력범국민협의회 대표상임의장 이종걸입니다.

다사다난했던 2022년이 저물어 갑니다. 2022년은 한반도는 물론 전 세계에 다가오고 있는 대전환의 시작을 알리는 해가 아니었나 싶습니다. 코로나19 팬데믹 이후, 그 이전과는 사뭇 다른 국제관계가 전개되고 있습니다. 첨예화되는 미중 패권 경쟁을 두고 '신 냉전'이라 표현하는 이들도 있고, '적대적 공생관계'의 지속으로 이야기하는 이들도 있습니다. 그 무엇이 되었든 두 강대국의 장기간 경쟁과 충돌은 우리에게 막대한 영향을 끼칠 것이 자명합니다. 아니, 이미 그 영향 하에서 우리는 생존을 위해 고민하고, 또한 행동하고 있습니다.

지난 2022년 2월 러시아의 우크라이나 침공 역시 국제정세를 뒤바꿀만한 충격을 주고 있습니다. 러시아가 국제사회의 반대와 비판에도 우크라이나를 침공한 배경에 대해서는 저마다 다른 의견이 있을 수 있습니다. 하지만 어떤 명분으로도 군사적 침략 행위는 결코 정당화될 수 없습니다. 근대 이후 전쟁은 늘 민간의 막대한 희생을 불러왔다는 점을 우리는 너무나 잘 알고 있습니다.

한반도를 둘러싼 정세가 숨 가쁘게 전개되고 있습니다. 무엇보다 중요한 것은 바로 남북관계일 것입니다. 남북 간 경색과 갈등, 군사적 긴장 상황이 장기간 이어지고 있습니다. 북한은 군사적 행위를 이어가며, 우리 정부와 어떠한 대화에도 응하지 않고 있습니다. 우리 정부도 북한의 군사적 도발에 맞서 즉각적인 대응을 하면서, 남북 정치군사적 긴장감이 나날이 높아지고 있습니다. 자칫 순간의 판단 착오로 돌이킬 수 없는 상황이 벌어질 수도 있는 '위기의 일상화'가 이어지는 것은 아닌지 참으로 우려스럽습니다.

2022년 5월 출범한 윤석열 정부는 북한의 도발에는 단호히 대응하되, 대화의 문은 언제든지 열려 있다는 입장입니다. '담대한 구상'으로 남북관계 발전과 개선의 의지를 보여주었습니다. 북한이 핵 개발을 포기하고자 하는 의지를 먼저 보여야 한다는 조건이 있지만, 인도적 협력이나 자연재해 대비를 위한 협력 등 비정치적 분야에 대한 전향적인 입장을 밝히기도 했습니다. 그린 데탕트 등 남북 모두에 도움이 될 수 있는 제안도 했습니다.

민화협 정책위원회가 2022년을 마무리하며 발간한 〈국제질서 대전환과 남북관계〉는 이른바 대전환기속 국제정세 속에서 남북관계를 어떻게 풀어나가야 할지에 대한 고민의 결과입니다. 포스트 코로나 시대 국제정세의 전개와 한반도를 둘러싼 국제 환경 진단, 오늘 북한의 모습을 살펴보며, 불확실한 미래에 대한 준비를 이야기하고 있습니다. 남북관계에 대한 100% 정확한 진단이나 전망, 해답은 있을 수 없지만, 국내 최고 전문가들이 고심하여 집필한 글들을 통해 보다 나은 한반도의 내일을 준비할 수 있는 밑절미가 되리라 생각합니다.

현재 대한민국은 참으로 중차대한 시기를 맞고 있습니다. '대전환기'는 불가피하게 많은 시행착오와 실수를 불러오게 됩니다. 어떤 정부더라도 완벽하게 변화에 대처하거나 위기를 극복하기는 어렵습니다. 이런 시기일수록 더욱 더 집단지성의 힘을 믿어야 합니다. 수많은 전문가들의 지혜를 빌리고, 한반도와 세계 평화를 염원하는 우리 국민의 지성을 믿고, 최선의 선택을 해야 할 것입니다. 또 수십 년 동안 남북관계 발전을 위해 헌신해온 민간통일운동의 오랜 경험을 빌려, 민간차원의 남북교류협력이 재개될 수 있도록 도와야 합니다. 이러한 노력이 모아진다면 지금의 어려움도 반드시 극복할 수 있으리라 믿습니다.

김성민, 황재옥 민화협 정책위원장님을 비롯하여 흔쾌히 지혜를 담아주신 집필진 모두에게 깊은 감사를 드립니다. 책의 발행을 위해 수고해 준 민화협 사무처에게도 고마움을 전합니다. 이 책이 부디 한반도의 평화와 남북의 화해 그리고 하나됨을 염원하는 모든 이들에게 작지만 요긴한 길잡이가 되기를 기원합니다. 감사합니다.

2022년 12월

민족화해협력범국민협의회

대표상임의장 이종걸

목차

제2장 북한의 교통 SOC 현황과 개발 협력 방향

• 안병민 한반도경제협력원 원장

제3장 북한에 대한 국제투자 및 금융지원

• 강성진 고려대학교 경제학과 교수

제4장 북한의 식량부족 상황과 대북 식량지원 접근 방향

• 김영훈 한국농촌경제연구원 명예선임연구위원

제1부

대전환기 국제질서 속 한반도 정세

제1장

동아시아의 신냉전과 한반도, 평화의 길 찾기

김 성 민

민화협 정책위원장·건국대학교 통일인문학연구단 단장

Ⅰ. 들어가며: '신냉전(?)', 엄혹한 현실의 도래

2022년은 전 세계가 대립과 적대로 얼룩져 있다. 저물어가던 20세기, 해체되었던 냉전이 우크라이나전쟁과 함께 망령이 아니라 현실로 우리 앞에 출현했다. 나토(NATO)의 동진정책에 불만스러워하던 러시아의 우크라이나 침공으로 시작된 전쟁은 아직도 진행형이다. 게다가 유럽에서 열전(Hot war)으로 전화한 전쟁은, 그전부터 미·중이 대립했던 동북아시아에서는 '대만'을 둘러싸고서 직접적인 군사적 행동을 생산하는 냉전의 강화로 이어졌다. 미·일이 군사동맹을 강화하고, 미국은 그렇지 않아도 중국 때문에 지원했던 일본의 무장화를 대만 문제를 빌미로 더욱 지원하는 양상이다. 따라서 작금의 상황은 20세기의 망령이 되었다고 믿었던 냉전이 과거보다 더 위험한 모습으로 되돌아온 듯 보인다.

어쩌면 지금 재현되고 있는 냉전은 과거 20세기의 냉전은 아닐 것이다. 그렇기에 지금의 상황을 둘러싼 논쟁과 이견들이 존재하는 것도 사실이다. 하지만 분명한 것은 20세기의 냉전은 완전히 청산된 것이 아니었다는 점이다. 그것은 우리가 지난 20세기부터 지금까지의 역사를 반추해보면 알 수 있다. 사실, 20세기는 격동의 세기였다. 20세기 동안 인류는 두 번의 세계대전을 치렀다. 특히, 20세기의 전반기가 '전쟁'의 시기였다면 하반기는 '냉전'의 시대였다. '냉전'은 화기를 사용하지 않을 뿐이지, '전쟁'이다.

20세기의 마지막 10년 동안, 현실사회주의권이 해체되면서 이와 같은 냉전은 해체되기 시작했다. 그래서 사람들은 냉전이 끝난 버린 것처럼 생각했다. 그러나 엄밀하게 보자면 20세기 하반기를 규정했던 냉전은 여전히 끝난 것이 아니었다. 냉전은 엄밀하게 말하자면 두 개의 진영이 대립하는 형상을 보이지만 사실상 미국을 중심으로 한 서방에 의해 관리되는 체제였다. 따라서 분단된 독일을 중심으로 한 유럽의 냉전은 현실사회주의권의 몰락 및 독일의 통일과 함께 해체된 듯이 보였지만 미국에 의해 관리되던 냉전의 해체는 미국의 세계 헤게모니 질서의 변화를 동반하는 것이기도 했다.

많은 사람이 동서냉전과 동아시아 냉전을 구별하지 않는다. 그것은 냉전을 오직 동서냉전의 축으로 생각하기 때문이다. 하지만 그것은 서로 다르다. '동(소련-러시아)/서(미국-유럽)' 냉전의 축과 동아시아 냉전의 축(중국/미국-서방)은 다르기 때문이다. 게다가 역사적으로도 동아시아의 냉전은 중국 내전과 한국전쟁, 베트남전쟁까지 일련의 과정들을 거치면서 완성되었다. 따라서 엄밀하게 말하면 동아시아의 냉전은 2차 세계대전 종결과 함께 만들어진 유럽의 동서냉전과 다르다. 그렇기에 만일 우리가 '냉전'과 '신냉전'이라는 기표에 현혹되어 '같은' 것으로 간주한다면 우리는 '동서냉전'과 그것의 부활로 간주되는 '신냉전(미국-NATO/러시아)'과 동아시아에서 진행되었던 '신냉전(미·일/중·북)'의 차이를 간과하게 될 것이다.

또한, 그렇게 되면 '미·일/중·북'이라는 동아시아의 냉전질서가 한반도의 분단체제를 매개로 하여 이미 10여 년 전부터 진행되었던 미·중 간의 패권경쟁의 실체를 놓치게 될 것이며 오늘날 한반도에 드리운 엄청난 재앙의 먹구름과 엄혹한 현실을 제대로 파악하지 못하게 될 것이다. 사실, 동아시아 냉전은 이번 러시아의 우크라이나 침공 이전부터 전개되고 있었다. 미국은 한·미·일 동맹을 강화하고자 한국을 압박했으며 일본을 포함한 군사정보 공유 체제 구축 및 한국에 사드 배치와 더불어 거의 일년 내내 이루어지는 한미군사훈련에 항공모함을 보내는 등, 사실상 분단체제를 이용해 중국에 대한 정치·군사적 압박을 키워왔다.

그렇다면 지금 유럽에서 형성되는 신냉전은 동아시아 냉전에 어떤 역할을 할 것인가? 유럽에서의 우크라이나전쟁은 러시아와 중국의 밀착을 가져왔고, 그것은 지금 동아시아에서의 미중관계를 '대만' 문제를 빌미로 한 과거 북방 삼각(북·중·러)과 남방 삼각(한·미·일)의 대립의 복원 및 강화를 불러오고 있다. 여기서 '대만'은 우크라이나이다.

이것은 대만에서 끝나는 문제가 아니며, 대만에서 전쟁이 날 것인가 아닌가의 문제가 아니다. 우리에게 중요한 것은, 대만 문제를 둘러싼 냉전의 격화가 한반도의 냉전과 분단의 적대성의 격화로 이어진다는 점이다. 그렇다면 이것이야말로 재앙이지 않을까? 왜냐하면 한국이 그나마 중국·러시아와 외교관계를 맺음으로써 해체해 온 냉전이 다시 북방 삼각 대 남방 삼각이라는 대립 축을 통해서 이전보다 더 강력한 형태로 재편될 가능성이 높기 때문이다. 다시 말해, 이것은 동서냉전체제가 우크라이나 전쟁이라는 열전으로, 보다 참혹하고 폭력적인 방식으로 재현된 것처럼 일촉즉발의 '화기'를 동반한 열전의 가능성을 항상 함축한다는 점에서 재앙적이라고 할 수 있다.

그러므로 냉전을 '서구중심적 관점'에 충실한 나머지 동아시아에서의 냉전이 가진 독특성을 간과하거나, 분단을 남북 두 국가의 문제로 환원하는 협소한 '민족주의적 관점'을 벗어나는 것에서부터 시작해야 한다. 또한, 지금의 문제를 풀어가려면 동아시아에서 작동하고 있는 냉전의 독특성에 기초하여 작동하고 있는 분단-냉전의 중첩적 메커니즘에 주목할 필요가 있다. 이 두 가지의 결합은 '서구중심적 보편성' 대 '민족적 특수성'이라는 양자의 편향 속에서 재생산되는 경향이 있다. '탈분단 평화'와 '반미 자주 통일'은 양대 편향을 대표한다. 따라서 양자의 편향을 넘어서는 관점이 필요하며 이에 근거하여 지난 시기의 역사적 과정을 반추해 볼 필요가 있다.

Ⅱ. 동아시아 냉전의 독특성과 절반의 해체

현실사회주의권이 무너지자 '역사의 종말'이 선언되었고 사람들은 냉전이 자본주의의 승리로 끝난 버린 것처럼 생각했다. 그러나 이것은 '동서냉전'이라는 다른 말이 보여주듯이 정확히 20세기의 참혹한 역사를 제국주의자들의 식민 지배에서 찾는 것이 아니라 서구 제국주의자들의 관점에서 본 것일 뿐이다.

1945년 일제의 패망과 함께 찾아온 냉전은 동남아시아와 동북아시아 두 곳에서 진행되었다. 동남아시아에서 냉전의 축은 베트남이었다. 전후 연합국은 베트남의 식민모국이었던 프랑스에 의한 재식민화를 추진하면서 17도선을 기점으로 하여 각각 북쪽에 중국 국민당을, 남쪽에 영국군을 투입하고자 했다. 하지만 베트남의 호치민은 프랑스와 협정을 통해 분단을 막고 동남아시아에서 냉전의 구축을 넘어 서서 통일할 수 있었다.

반면 동북아시아는 냉전의 강화로 귀결되었다. 미국과 소련은 포츠담에서 한반도의 38선을 기준으로 하여 이북에는 소련군이, 이남에는 미군이 주둔하기로 결정하면서 한반도의 분단은 시작되었고 1950년 발발한 한국전쟁으로 인해 공고하게 정착되었다. 한국전쟁을 통해 미국은 1951년 일본과 샌프란시스코강화조약을 맺고 일제의 책임에 대한 배상 문제의 처리 및 국제사회에서 일본의 동맹국 지위를 회복시킴으로써 동북아시아에서의 냉전은 완전히 해소되지 않았다. 따라서 역사적으로 볼 때, 한반도의 분단체제는 독일의 분단과 마찬가지로 냉전의 산물이다.

그런데 20세기의 마지막 10년 동안 소비에트의 해체와 더불어 동유럽의 사회주의국가들은 붕괴되고 독일은 통일되었다. 그래서 냉전은 해체된 것처럼 보인다. 하지만 엄밀하게 말해 냉전은 아직 해체된 것이 아니다. 한반도의 분단이 보여주듯이 동북아에서의 냉전은 아직도 진행 중이기 때문이다. 그렇다고 해서 현재의 냉전이 과거의 냉전과 동일한 것은 아니다. 러시아와 중국은 개방되었고 서방 국가들과의 적대적 관계를 청산했다는 점에서 과거의 냉전은 해체되었다. 그러나 이것은 절반의 해체였을 뿐이다.

동북아시아에서의 냉전은 전통적으로 '북·중·러'라는 북방 삼각 대 '한·미·일'이라는 남방 삼각의 대립으로 표현되었다. 1988년 노태우정권은 '탈냉전'의 분위기를 타고 북방정책을 추진했다. 그것은 전통적으로 북방 삼각에 속하는 나라들과 외교관계를 정상화하는 것이었다. 1990년 한·소 수교에 이어 1992년 한·중 수교가 이뤄졌다. 게다가 노태우 정권은 박정희 정권 때부터 주장해왔던 남북 유엔 동시 가입과 '평화공존의 장전'이라고 할 수 있는 '남북기본합의서'를 채택하는 성과도 올렸다.

1991년 9월 유엔은 남북의 유엔 동시 가입을 공식적으로 승인했다. 그것은 국제사회가 한반도에 두 개의 국가가 존재한다는 점을 공식적으로 승인하는 것, 즉 '휴전선 이남은 대한민국이라는 국가가, 이북에는 조선민주주의인민공화국이라는 국가가 존재한다'는 것을 승인한 것이기도 했다. 따라서 북한과 민족주의자들은 남북 유엔 동시 가입을 제안했을 때부터 '분단의 영구화 음모'라고 비판했다. 그러나 남북 유엔 동시 가입 이후, 그 해 말에 남북은 '남북기본합의서'를 채택했다.

그렇다면 '한국'도 '조선'도 하나의 국가로서 다른 나라들과 정상적인 외교관계를 수립하는 과정이 전개되어야 했다. 아쉽게도 '한국'과 달리 '조선'은 그런 방향으로 나아가지 못했다. 북한은 지금도 여전히 남방 삼각의 핵심인 미국과 정상적인 외교관계를 가지고 있지 못하다. 따라서 동북아시아의 냉전은 반쪽자리 해체로 남게 되었다. 왜냐하면 남방 삼각에 속하는 '한국'은 기존 북방 삼각에 속하는 국가들과의 외교정상화로 '평화적 관계'가 수립되었지만 '조선'과 남방 삼각에 속하는 국가들과의 외교정상화는 이루어지지 않아 여전히 '적대적 관계'로 남아 있기 때문이다.

게다가 현재의 남북 대치는 '휴전'의 형태로 존재하고 있다. '휴전협정'은 전쟁을 잠시 쉰다는 것일 뿐, 전쟁이 끝났다는 것을 의미하지 않는다. 지금 당장 전쟁이 속개되어도 이상할 것이 없다. 그렇기 때문에 한반도는 '휴전선'을 경계로 하여 지구상 가장 많은 수의 군 병력과 화력이 집중되어 있고 '군사적 세력균형'을 위한 무기 경쟁이 치열하게 전개되는 곳이다. 그런데 이 대립은 남북 간의 대결로만 구성된 것이 아니다. 휴전협정의 당사자들은 '북·중' 대 '유엔군'이며 남쪽의 판문점 관할권과 군작전지휘권은 유엔사에 있다. 따라서 한반도의 분단체제는 언제든지 국제적 냉전을 반복하면서 전쟁 위기를 고조시킬 수 있다.

물론 이것은 한반도에서 전쟁이 일어난다는 것을 의미하는 것은 아니다. 그렇지만 군사적인 충돌이 없더라도 국제적인 정치·군사적 대결의 고조는 경제협력의 단절과 같은 적대성의 고조와 함께 상호 협력의 해체를 가져와 막대한 손실을 남길 것이다.

그렇기에 오늘날 냉전을 사고하는 데에서 정치군사적 충돌만을 생각하는 것은 단견이다. 오히려 오늘날처럼 지구화된 상황에서 보다 큰 위험과 상처를 남기는 것은 경제협력의 단절과 충돌이다. 이것은 양국 모두에게 치명적인 위험을 남긴다. 따라서 평화 없는 협력과 교류는 언제나 전쟁보다 더 큰 위험을 생산할 수 있다. 게다가 우크라이나전쟁이 보여주듯이 오늘날의 전쟁은 경제봉쇄와 같은 경제적인 수단들을 통한 압박을 동반하는 식으로 진행된다.

그러므로 신냉전의 도래는 단순히 정치·군사적 차원에서만 볼 수 있는 문제가 아니다. 오히려 오늘날 지구화된 환경에서 전개되는 냉전은 정치·군사적 대립만이 아니라 경제적이고 사회문화적인 대립을 더욱 격화된 방식으로 수반한다. 바로 이런 점에서 동아시아에 조성되는 냉전의 도래를 최대한 저지하고 평화를 지켜가는 것은 그 지역에서의 공동 번영을 위해서라도 매우 사활적인 문제라고 할 수 있다. 그리고 그것은 기본적으로 전쟁이 없는 상태라는 의미에서의 '소극적 평화'가 아니라 보다 적극적인 의미에서 상호 협력을 통해 평화로운 삶을 만들어가는 '적극적인 평화'의 구축과정이 되어야 한다.

Ⅲ. 냉전 해체의 방향과 2018년의 위대한 실험의 의미

동북아시아에서 냉전을 완전히 해체할 수 있는 길은 아직 해체되지 않은 다른 한 축의 냉전, 즉 '북한'과 남방 삼각에 속하는 국가들, 북미, 북일 간의 외교 정상화를 만들어가는 것이다. 물론 그렇게 하기 위해서는 북의 핵 폐기 및 완전한 비핵화가 이루어져야 한다. 하지만 이것을 하기 위해서도 '종전선언'을 포함한 '체제보장' 또한 필요하다. 그것은 한반도의 군사분계선을 중심으로 북과 남방 삼각 간의 냉전이 '휴전상태'인 분단체제를 통해서 정치·군사적 대립을 재생산하면서 여전히 작동하고 있기 때문이다. 바로 이런 점에서 2018년 '4·27판문점선언'과 '9·19평양선언'은 2000년 '6·15 남북공동선언'이나 2007년 '10·4선언'과는 또 다른 역사적인 독특성을 가지고 있다.

2018년의 실험은 남북 정상의 합의 내용이 새롭기 때문만은 아니다. 합의 내용은 이미 2007년에 있었던 '10·4선언'을 기본적인 골간으로 삼고 있다. 그럼에도 불구하고 2018년 남북 정상 사이에서 이루어진 합의는 이전의 합의들을 뛰어넘는 역사적 의미를 가지고 있다. 첫째, 그것은 남북관계의 개선이 '한반도의 비핵화'와 관련하여 북미관계의 개선이라는 '냉전의 해체'와 함께 진행되었다는 점이다. 둘째, 남북관계의 개선이

'평화와 공동번영'이라는 관점에서 개성의 연락사무소 설치, 남북 철도연결 사업 및 GP철거와 DMZ 내의 남북공동유해발굴 등과 같은 휴전선에서의 군사적 대립 관계의 청산 및 해체라는 실질적 조치들의 수행과 함께 '남북철도 및 도로 복원'과 같은 경제적 협력이 실천적으로 모색되고 있다는 점이다.

하지만 우리가 현재 목도하고 있는 바와 같이 이와 같은 역사적 의미를 담고 있는 '위대한 실험'은 실패했다. 북·미 간 협상 틀은 서로 부딪혔고, 결렬되면서 빠른 속도로 진행되고 있던 남북관계에 대해서조차 제동이 걸렸기 때문이다. 남북철도연결도, 종전선언뿐만 아니라 개성공단과 금강산관광도 허용되지 않았다.

지금 국면에서 세계 질서는 미국의 일방적 패권질서, 단극적인 헤게모니가 지속적으로 약화되어온 과정에서 나타나는 불안정성을 반영하고 있다. 과거의 냉전은 어쨌든 미국 헤게모니하에서 관리되는 냉전이었다. 하지만 지금은 전체를 관리할 수 있는 일극적 힘이 약화된 반면 이를 안정적으로 관리할 수 있는 세력 균형이든, 힘의 조정이든 안정적인 질서 재편은 아직 이루어지고 있지 못하다. 그래서 현재 상태에서의 불안정성은 세계 곳곳에서 돌출적으로 튀어 나오는 정치·군사적이고 경제적인 위기들과 문화의 충돌 등이 보여주듯이 과거 냉전시대보다 훨씬 높고, 냉전의 가능성은 언제든지 상존한다.

한반도에서 분단체제는 남북의 적대적 대립의 산물이기만 한 것이 아니라 동북아시아 냉전의 응축물이기도 하다. 따라서 한반도에서 분단체제의 해체는 동북아시아의 냉전을 해체하는 과정 없이 이루어질 수 없다. '6·15', '10·4'로 이어지는 분단체제의 해체 선언이 오히려 그 역으로 전화한 것은 남북관계의 개선이 바로 이와 같은 국제적 냉전의 해체로 이어지지 못했기 때문이다. 냉전의 해체 없는 분단체제의 해체는 언제든지 그

역으로 전화하면서 분단의 적대성을 강화하면서 분단을 매개로 한 한반도에서의 냉전을 다시 강화할 수 있다. 그리고 이것이 지금 일어나고 있는 것이다.

이번에 진행되는 동서냉전의 재현은 러시아의 우크라이나 침공이 보여주듯이 '열전'의 가능성을 포함한다. 따라서 남북관계가 다시 냉전의 구렁텅이로 한없이 떨어지면서 한·미 동맹 강화로만 진행된다면 동북아 전체에서 긴장은 고조될 수밖에 없으며 일본의 군국주의화 또한 강화될 것이 분명하다. 특히, 이런 냉전은 남북의 분단, 휴전선을 통해서 작동한다는 점에서 남과 북에 사는 코리언들에게는 직접적인 생존의 문제이기도 하다. 그런데도 여전히 많은 사람이 국제정치를 좌우하는 힘의 관계에서 미국의 규정적인 힘만을 이야기하면서 한국이 할 수 있는 일은 없다는 식으로 체념적인 태도를 취한다. 물론 이는 틀린 말이 아니다. 하지만 그렇다고 손을 놓고 있을 수는 없다.

게다가 한반도의 분단이 동북아 냉전을 생산하는 핵심적인 기제였다는 점에서 분단의 적대성을 약화하는 것은 분명 신냉전의 도래를 막는데 일정한 역할을 할 것이다. 그러므로 한반도의 분단이 동아시아의 전쟁 고조라는 먹구름을 몰고 오는 재앙이 되지 않고 오히려 그 역의 평화를 생산하는 교두보가 될 수 있게 하기 위해서는 무엇보다도 먼저 문재인 정부가 스스로를 '운전자'로 규정해놓고도 실천하지 못한 '민족 간 내부거래라는 남북관계의 독특성'을 근거로 발휘하는 '재량권'을 극대화해야 한다. 그리고 미중 간에 어느 한 편이 아니라 중립적인 등거리 외교를 구사해야 한다.

그러나 이것만으로는 부족하다. 이를 위해서 무엇보다 먼저 4·27판문점선언과 9·19평양선언의 정신으로 돌아가, 그때 합의한 내용을 실천하려는 자세가 필요하다. 그리고 그럴 때에만 한반도의 분단은 재앙이 아니라 오히려 평화의 전령이 될 수 있을 것이다. 안타깝게도 현재 이러한 실천은 요원해 보인다. 이미 항공모함을 동원한 한미 군사훈련이 정기적으로 이루어지고 있으며, 북은 미사일을 발사하는 등 도발적 응전에 나서고 있기 때문이다. 따라서 무엇보다도 먼저 격화되는 군사적 대립부터 완화해 갈 필요가 있다.

또한, 한국의 입장에서는 남북관계만이 아니라 외교상에서 다극화 전략이 필요하다. 과거 한국은 한반도의 분단을 둘러싼 4대 열강(미일/중러)에 초점을 맞추어 외교를 구사했다. 또한, 최근 10여 년은 미중 패권 경쟁이 격화하면서 이를 중심으로 한 외교를 구사한 까닭에 외교전략에서도 오히려 미-중의 신냉전의 프레임을 벗어나지 못했다. 따라서 미중 외교 중심 전략에서 벗어나 외교 자체를 아세안이나 유럽 등으로 다극화할 필요가 있다. 물론 이것은 쉽지 않다.

하지만 오늘날 냉전 자체가 전세계적인 형태로 복원되고, 냉전의 위험 또한 과거처럼 안정적으로 관리되지 않는 언제든지 국지전 형태의 열전를 불러올 수 있는 냉전이라는 점에서 동북아 신냉전에 갇히지 않는 외교 전략이 필요하다. 특히, 이를 위해서는 동아시아를 중심으로 한 전략, 그 중에서도 동남아시아 지역을 중심으로 한 아세안과의 외교를 적극적으로 추진하는 남방정책의 복원이 필요하다. 즉, 이전까지 진행되어 온 북방정책과 함께 신남방정책을 구사할 필요가 있다는 것이다. 그리고 이를 통해서 동아시아의 불안정한 냉전을 관리하는 국제협력을 구축해가야 한다.

Ⅳ. 동아시아 평화를 위한 국제적 연대

보다 근본적으로 동북아시아에서 냉전의 해체가 동아시아의 평화와 공존, 번영을 위한 길로 이어지기 위해서는 냉전의 해체를 동아시아의 불행했던 역사, 즉 제국주의의 역사를 극복하는 과정으로 바꾸어가려는 국제 연대적인 실천이 필요하다. 오늘날 많은 사람이 지적하듯이 '현대를 만들어 온 정신(Modernity)'이 얼마나 문제를 가지고 있었지를 보여주는 가장 참혹한 범죄는 제국주의 그 자체였다. 그것은 1, 2차 세계대전 및 타민족에 대한 침략과 지배라는 '악'을 남겼다. 따라서 동북아시아에서 냉전의 해체는 제국주의 역사 그 자체에 대한 철저한 반성과 성찰을 통해서 인류 보편의 가치가 구현되는 '인간다움의 세계'를 만들어가는 과정으로 전화되어야 한다.

일본 제국주의가 표방한 '범아시아주의', 또는 '대동아공영권'은 기본적으로 서구 제국주의의 침략이라는 현실에서 출발하고 있다. 여기서 그들은 '서양의 전체성을 대신한 일본 중심의 전체성', 즉 서양에 맞서기 위해서 동양의 후진성을 극복하고 근대화된 일본의 힘으로 무장할 것을 주장하면서 다른 지역을 침략했다. 그렇기에 그것은 동양인의 눈으로 본 동양이 아니라 서구인의 눈으로 본 동양으로, 동양을 계몽시키는 자로서 일본이라는 서구 제국주의자들의 논리를 그대로 반복하게 되었던 것이다. 따라서 일본 제국주의는 서구 제국주의의 침략이 낳은 결과이면서도 그것의 복제품이었다.

여전히 동양에서의 제국주의는 제국주의 지배 및 전쟁에 대한 통렬한 반성없이 미완의 과정으로 남아 있다. 제2차 세계대전 이후, 서구에서 독일의 전범과 반인륜적 범죄에 대한 처리는, 비록 완전하지 않았지만, 공식적이고 명백했으며 지금도 해마다 유태인학살 등 전쟁범죄에 대해 사죄하고 있다. 하지만 동아시아, 특히 동북아시아에서 전후 처리 및 사죄는 제대로 진행되지 않고 있다. 그렇다면 동양은 왜 이렇게 된 것일까? 그것은 바로 한국전쟁이 진행 중이었던 1951년 미국의 주도 하에 샌프란시스코 강화조약을 통해 일본 제국주의 침략에 대한 사죄 및 보상 등의 절차를 제대로 진행하지 않았기 때문이다.

1951년 9월 8일 미국 샌프란시스코 전쟁기념 공연예술 센터에서 맺어진 일본과 연합국 사이의 평화조약에 중화인민공화국, 대한민국, 북한은 참가하지 못했다. 샌프란시스코 강화조약과 더불어 동양에서의 제국주의는 제국주의 지배 및 전쟁에 대한 통렬한 반성없는 미완의 과정으로 남게 되었다. 심지어 일본은 평화헌법 개정을 통해서 다시금 과거의 제국주의를 부활시키고 재무장화하려는 움직임마저 보이고 있다.

제국주의는 지나간 과거가 아니다. 그것은 언제나 작동하고 있는 '실재적 불안'으로, 반복적으로 재현되고 있다. 따라서 동북아시아에서 냉전의 해체가 동아시아의 평화와 공존, 번영을 위한 길로 이어지기 위해서는 냉전의 해체를 통해 동아시아의 불행했던 역사를 극복하는 과정으로 바꾸어가려는 실천이 함께 진행되어야 한다.

그러나 그렇게 하기 위해서는 무엇보다도 먼저, 분단-냉전체제에 연관되어 있는 나라들의 NGO와 지식인들 사이에서 분단체제와 냉전체제의 해체를 동시병행적으로 실천하는 국제적인 연대를 만들고, 평화체제의 전환을 위한 실천적 활동을 수행해야 한다. 현재의 국면은 신냉전의 고조로 특징지워진다. 그렇기에 과거 북방 삼각 대 남방 삼각의 대립 구도가 복원되는 것을 막고, 오히려 반쪽짜리 냉전 해체를 실질적인 냉전해체가 되도록 하기 위해서 북한-미국, 북한-일본 간의 정상적 외교관계 수립을 위해 노력해야 한다.

둘째, 일본의 제국주의에 대한 철저한 자기반성에 기초하여 '홀로코스트'에 준하는 차원에서 반인륜적 범죄에 대한 단죄 및 보상-치유에 관한 국제적인 공감과 연대의 틀을 형성하고 희생자들의 명예회복과 인간 존엄성에 근거한 국제적인 애도작업을 진행해야 한다. 그리고 이런 제반의 실천들을 아메리카와 아프리카, 아시아 등지에서 자행된 제국주의 및 국가폭력에 대한 성찰의 계기로 삼고 사회적이고 세계시민적 차원에서 '반폭력 운동'으로 발전시켜나가야 한다.

셋째, 한반도의 평화는 곧 동북아시아의 평화, 동아시아의 평화를 넘어 세계 평화에 기여한다는 믿음으로 통일을 지향하는 한반도 평화체제를 구축해 나가야 한다. 분단체제에서는 남과 북이 대립과 갈등, 그리고 긴장과 대결을 피하기 어렵다. 남과 북은 통일을 해야 평화와 번영을 가져올 수 있다. 이제는 '적극적 평화'를 만들어 가야 한다. 전쟁이 없는 상황을 유지하는 '소극적 평화'는 군사정전 상황에 기초한 안보역량 강화로 이어진다. 이제야 말로 안보 위협 자체를 근원적으로 해소하기 위하여 냉전구조를 해체하는 '적극적 평화'를 만들어야 한다.

적극적 평화를 만드는 것은 현재진행형으로서의 통일이다. '통일 없는 평화는 공허하고 평화 없는 통일은 맹목적'이다. 한반도에서 통일과 평화는 변증법적으로 함께 가야 한다. 이 과정에서 시민이 보다 큰 목소리로 참여해 국민합의를 도출해야 한다. 광범위한 평화 기반을 구축하고 다차원적 남북관계를 형성함으로써 한반도 평화를 이룩해야 한다.

또한 현재의 냉전적인 동아시아 국제질서를 평화와 연대에 기초한 새로운 동아시아의 국제질서로 바꾸어 가는 실천들을 모색함으로써 궁극적인 평화를 실현할 수 있도록 해야 한다.

제2장

국제질서 대전환과 한반도

박 인 휘

이화여자대학교 국제학부 교수

Ⅰ. 국제질서 대전환은 도래하는가?

국내외적으로 많은 전문가들이 국제질서 대전환을 언급하고 있는 시점이다. 주지하는 바, 17세기 말과 18세기 초를 전후로 근대 국제질서는 시작되었다. 중국의 역사에서 보듯이 풍부한 1차 산업능력과 장점에도 불구하고, 유럽에서는 다른 어느 문명권보다도 앞서 근대화와 산업화가 시작되었다. 또한 이를 바탕으로 정치적 민주주의와 경제적 시장경쟁을 꽃피웠고, 결과적으로 근대 국제질서는 유럽을 중심으로 시작되었다. 이 과정에서 제국주의, 파시즘, 공산주의와 같은 국제사회 통합의 큰 장애물도 있었고, 또 한편으로는 자본주의 발전이 낳은 문제점을 극복하기 위한 자정적 노력도 있었다. 그럼에도 불구하고, 다양한 역사적 사건들을 경험하면서 국제사회는 대체로 하나의 거대한 지구촌을 지향하는 일관된 노력을 기울여 왔다. 현 시점에 이르기까지 인종, 민족, 종교, 역사 등으로 상징되는 요인에 의해 개인과 집단은 여러 가지 정체성으로 나눠져 있지만, 시간이 갈수록 사람들은 서로 더 가까워지고, 시장은 더 많은 상품과 방문자를 수용하면서, 과거에는 예상치 못했던 대규모 정보 교환과 사회문화 교류가 일상화되었다. 냉전 종식 이후 지난 30여년의 시간을 우리는 '세계화'라고 부른다.

대체로 2008년 글로벌 금융 위기 이후 국제질서 위기를 경고하는 국내외 전문가들의 주장이 빈번히 제기되고 있다. 세계화 30년 경험에 대한 반성 차원에서 '자유주의국제질서'의 구조 조정 필요성이 제기되고 있고, 공교롭게도 이러한 목소리는 2023년부터 예상되는 '포스트-코로나' 질서 논쟁과 맞물려, 국제질서의 변화 필요성에 대한 설명에 더욱 힘을 싣고 있다. 뿐만 아니라 우크라이나 전쟁이 여전히 해결의 실마리를 찾지 못하고 있고, 시진핑 주석의 3연임 결정은 대만문제를 포함한 미중갈등 국면을 더욱 심각하게 만들 것이라는 전망이 지배적이다. 북한 역시 예외는 아니어서, 국제질서 변화를 자국의 이익 극대화 기회로 활용하려는 의지를 적극 표방하고 있다. 김정은 집권 시기 핵무력 완성을 위해 쏟았던 에너지는 구조화되기 시작한 미중갈등 국면과 깊게 연동되어 있음이 이러한 분석을 잘 보여주고 있다.[1] 국내 정치 상황 역시 위기에 직면했는데, 곳곳에서 문제점을 드러내기 시작한 대의 민주주의의 단점을 '직접 민주주의' 시도로 극복하려는 시도가 계속되면서 '정치'가 실종되는 또 다른 차원의 국내적 대전환을 맞이하고 있다.

이러한 배경에서 본 글은 국제질서 대전환의 의미와 주요 특징을 살펴보는 데에 그 목적이 있다. 그리고 그러한 대전환이 한반도 안보와 평화적 맥락에서 어떤 의미를 가지는가에 대해서 분석해 보고자 한다.

Ⅱ. 대전환의 내용과 주요 특징

1. 자유주의국제질서의 구조 조정

제2차 세계대전 이후 형성 및 정착되고 구조화된 자유주의 국제질서(liberal international order)가 변화에 직면했다. 지난 30여 년의 세계화 시기 동안 거의 모든 유형의 상품, 자본, 인적 교류가 일상화되었고, 그 결과 실질적인 의미에서 국경이 사라지는, 그야말로 하나의 글로벌 지구촌이 생겨나는 듯 했다. 하지만 2008년 글로벌 금융위기를 전후로 일종의 '시장 만능주의' 세계화에 대한 반성들이 구체적으로 표출되었고, 이

1 박인휘, "김정은 시대의 북한 외교전략," 박재규 편, 『새로운 북한 이야기』, 서울: 한울아카데미, 2018.

와 연관되어 초강대국으로서의 미국의 책임과 역할, 미중갈등의 구조화, 국가들 간 세계화의 차별적인 수혜 등이 심각한 문제점으로 부상했다. 물론 이러한 문제점들이 그 지난 30년의 시간에서 존재하지 않았던 것은 아니지만, 세계화의 여러 문제점이 궁극적으로 국제질서 안에서 해결 가능한 사안들로 이해되다가, 글로벌 금융위기를 기점으로 세계화 흐름 자체에 대한 구조 조정이 필요한 것이 아닌가 하는 의구심이 발생한 것이다.[2]

전후 질서에서 구조화된 자유주의 국제질서는 지구적 차원에서의 시장경제 성장과 민주주의 확산을 핵심축으로 삼았다. 내용의 차원에서 자유무역, 금융 이동의 자유화, 국가들 간 관계의 제도화 등으로 대표되는 국제질서는 냉전기 동안 자본주의 진영에만 머물었던 경향이 있었고, 탈냉전과 함께 지구촌 곳곳으로 급속히 확산되면서, 국제사회의 생산 활동과 외교안보관계를 하나로 통합하는 결정적인 요인이 되었다. 자유주의 국제질서가 추구하는 핵심 내용은, 1) 민주주의와 자본주의 정체성을 가지는 단위 국가, 2) 배분 과정에서의 시장의 작동과 자유경쟁에 대한 존중, 3) 다자주의적 해결을 위한 국제제도, 4) 강대국들 간 상호확증파괴를 통한 안정성 확보 등을 꼽을 수 있다.[3] 국제질서의 이러한 현실적 작동은 동시에 학문 세계 안에서 다양한 이론들로부터 뒷받침되었다. 두세 가지 이론 사례만 간략하게 언급하자면, 강대국의 리더십과 국제질서 안정성 사이 간 연관성에 천착한 패권안정이론, 민주주의 국가들 사이에서 무력충돌 회피 가능성을 강조하는 민주평화론, 예측력과 합리성에 기반한 국

2 관련한 대표적인 문제의식으로는 참고, Joseph S. Nye, Jr., "American and Chinese Power after the Financial Crisis," *The Washington Quarterly*, Vol. 33, No. 4(2010), pp. 143-153.

3 전후 질서에서 정착 및 발달한 자유주의국제질서의 포괄적인 설명에 대해서는 참고, John G. Ruggie, ed., *Multilateralism Matters: the Theory and Praxis of an Institutional Form* (N.Y.: Columbia University Press, 1993).

가들 간 협력 증대를 증명하고자 한 신자유주의적 제도주의 이론 등이 있다. 특히 이 중에서도 초강대국 미국의 리더십은 전후 자유주의 국제질서 운영의 핵심 요인으로 평가되곤 했다. 그런데 2016년 '아메리카 퍼스트(미국 국가이기주의)'를 내세운 트럼프 대통령의 당선과 동시에 '국제공공재(International public goods)' 제공을 포기하는 듯했던 상황은 자유주의 국제질서 균열의 결정적인 계기를 제공하게 된 것이다.[4]

돌이켜보면 세계화의 이름 아래 30여 년 동안 '개방적 다자주의'가 거대한 물결처럼 넘쳐났다. 물론 이 과정에서 국제질서의 자기 모순적인 부분도 많았다. 예를 들어, 미국이 '투명성' 차원에서 많은 문제를 안고 있는 중국을 국제질서에 적극 편입시킨 점을 꼽을 수 있는데, 2001년 WTO 가입을 계기로 중국은 민주주의 및 시장원리의 준수와 무관하게 미국 주도의 국제질서에 적극 수용되었다. 과거 냉전 시기와는 차별적인 모두에게 오픈된 '개방적 다자주의 질서'였기 때문에 가능했다는 평가가 지배적이다. 글로벌 시장이 통합되고 민주주의가 보편적인 가치로 자리를 잡는 듯하더니, 2015년을 전후로 해서 자유주의 국제질서가 심각한 문제들을 노출하기 시작했다. 트럼프 대통령의 집권, 영국의 EU 탈퇴 결정(Brexit), 일본, 중국, 러시아와 같은 강대국에서 발현된 적극적인 국가 이기주의, 특히 중국의 경우 패권주의 프로젝트(일대일로)가 적극 분출되었다. 이로 인해 자유주의 국제질서의 후퇴를 예고하는 목소리가 세계 곳곳에서 생겨난 것이다. 급기야 2020년의 코로나 사태로 인해 이러한 위기는 정점을 향해 달려가고 있는 형국이다.[5]

---

4 물론 이러한 설명이 미국의 역할을 지나치게 미화한 경향이 있고, 공공재라는 이름으로 미국이 부담을 졌지만, 결국에는 미국에게 가장 큰 이익을 보장해 주는 '사유재(private goods)'로서 기능했다는 비판 역시 존재하고 있다.

5 이런 차원에서 코로나 사태가 그 자체로 현 국제질서의 변화를 몰고 올 것이라는 분석보다는 최근 수년간 동시 다발적으로 진행된 자유주의 국제질서 후퇴의 징조

결국 국제사회에 '세계화는 후퇴해야 하는가'라는 질문이 제기되었다. 효율을 극대화한 생산에만 초점을 맞춘 세계 '생산 공급망(supply chain)'의 과도한 밀집 현상이 코로나 바이러스를 순식간에 전 세계 구석구석으로 전달했던 것이다. 인류는 세계화를 멈춰야 하는가? 쉽게 답하기 어려운 질문이지만 역사 속에서 참고할 부분이 있는데, 비록 유럽 국가들을 중심으로 한 제한된 세계화였지만 20세기 초 과도한 상호의존에서 빚어진 문제점들이 1차 세계대전으로 연결된 사례가 있다. 폴라니는 이러한 비극적 결말을 세계화가 초래한 '대변혁'으로 설명했다. 당시 세계화의 반작용이 1차 대전으로 표출되었고, 그 후 또 다시 파시즘과 2차 대전을 포함한 세계사의 비극을 겪었지만, 돌이켜보면 국가들은 마지막까지 자유주의 국제질서라는 세계시장 통합을 포기하지는 않았다. 물론 코로나가 전통적인 국가 단위의 접근으로는 해결이 어려운 일종의 '사악한' 성격의 문제인 건 사실이고, 그나마 코로나는 '발생, 가시화, 문제화, 확산 및 악화' 단계가 시퀀스를 보이면서 단계별로 분석과 판단이 가능하긴 했다. 하지만 초연결 시대에 복잡성과 상호연계성이 증폭된 신안보위협이 국제사회 수면 하에 잠복해 있다가, 특정 시점에서 돌이킬 수 없는 문제로 등장하는 경우, 인류는 또 다시 심각한 위기에 빠지게 될 것이다. 코로나 사태에서 경험한 심각한 수준의 '진원지 논쟁'에서 보듯이, 향후 인류가 겪어 보지 못한 새로운 유형의 위협이 닥쳤을 때 정보의 왜곡과 책임회피를 위한 거짓 논리가 심각한 수준에 이를 수도 있을 것이다.[6]

들과 함께 맞물린 현상에 주목하면서, 보다 거시적인 차원에서 국제사회가 직면하게 된 위기를 관찰하려는 노력이 필요해 보인다.

6 윤정현, "초국가적 난제 시대의 초국가적 거버넌스," 국제문제연구소 워킹페이퍼 166(2020).

2. 국제질서의 대전환의 내용

돌이켜 보면 30여 년 전 세계화가 약속했던 많은 목표들은 이뤄지지 않았다. 당시의 장밋빛 전망과는 달리 글로벌 차원의 빈부 양극화는 더 심해졌고, 질병, 인권, 환경파괴 등의 문제들은 더욱 심각해졌다. 무엇보다도 지구촌 모든 사람들이 연결되어 있는 초연결 사회에 살고 있지만, 인간이 느끼는 소외감은 더욱 심각한 수준이다. 자유주의국제질서는 종말의 순간을 맞이할 것인가? 결론적으로 얘기해서, 많은 전문가들은 그렇지 않다고 얘기한다. 자유주의국제질서의 심각한 문제점에도 불구하고, 아직 자유주의 질서를 대체할 다른 국제질서의 유형이 자리 잡기까지는 상당한 시간이 걸릴 것이라고 설명한다.[7] 이러한 설명을 자유주의국제질서의 지속성과 부분적인 조정이라는 관점에서, '제도, 행위자, 이슈', 이렇게 세 가지 차원에서 살펴보고자 한다. 먼저 '제도'의 경우, 가까운 미래에 국가들 간 제도적 관계의 효율성을 전제로 한 다자주의를 대체할 질서가 등장하지는 않을 것이다. 국제사회의 다양한 위기로 인해 국제사회 자체가 일종의 '재사회화(re-socialization)'를 경험할 수는 있겠지만, 자유주의, 개방성, 그리고 호혜주의에 바탕을 둔 다자주의 정신을 대체할 원칙이 등장하려면 오랜 시간이 소요될 것이다. 다만, 서로 다른 가치(혹은 이익)를 추구하는 서로 다른 다자주의들 간 경쟁은 예상해 볼 수 있다. 예를 들어 큰 틀에서 공유하는 바는 있겠지만, 미국을 동심원으로 한 다자주의, 중국을 동심원으로 한 다자주의, 유럽 혹은 러시아를 중심으로 한 다자주의 질서 등과 같은 유형이 동시에 전개될 수 있는데, 이는 기존의

---

7 대표적인 주장으로는 참고, G. John Ikenberry, "The End of Liberal International Order?," *International Affairs*, Vol. 94, No. 1 (2018), pp. 7-23; Beate Jahn, "Liberal Internationalism: historical trajectory and current prospects," *International Affairs*, Vol. 94, No. 1 (2018), pp. 43-61.

지역 간 블록 개념이나 자본주의 영향력 하의 연대와는 다른 방식으로 볼 수 있다. 왜냐하면, 과거처럼 서로 간 대결을 전제로 한 진영대결이 아니라, 지구화 문제와 같은 사안들의 경우에는 공감대와 글로벌 공동체 의식을 유지하면서, 대신 개별 국가가 속한 다자주의에서의 이익 극대화는 동시에 추구할 것이고, 또한 국가가 특정 몇몇의 다자주의에 얽매이지 않고 다양한 다자주의와 연결되면서, 서로 다른 종류의 국가이익을 확보하고자 노력하게 될 것이다.[8]

두 번째로 '행위자'의 문제인데, 기본적으로 비국가 행위자의 중요성은 미래에도 지속될 것이기 때문에 여기서는 국가 행위자만을 고려하고자 한다. 시간이 흐르면서 국가들의 힘과 영향력은 더욱 다양해지고 차별화될 것이다. 과거처럼 국제사회의 힘은 단일한 모습을 가지지 않는다는 사실은 이미 잘 알려져 있지만, 미래의 시점에는 더욱 다양한 힘과 영향력의 종류를 경험하게 될 것이다. 향후 AI 기반의 경제활동은 국가들이 국제질서에서 저마다 고유한 경제적 지위를 차지하게 만들 것이고, 미국 지위의 상대적 하락과 강대국 정치의 부분적 부활은 한국처럼 중견국 지위에 있는 국가들의 국제안보적 발언권을 더 강화시켜 줄 것으로 전망된다. 결과적으로 '레토릭' 수준에서만 존재해 오던 한국의 '중견국 혹은 중추국' 비전의 실체는 우리의 의도와는 무관하게 점차 구체화될 것으로 보인다. 과거 냉전기 동안 힘은 '집중적'이었고, 세계화 30년 동안 힘은 '분산적'이었다면, 향후 힘(파워)은 '개별적이면서도 일면 공유되는' 성격을 가지게 될 전망이다.

---

8 이와 관련하여 한국은 이미 좋은 사례인데, '동북아국가' '한아세안 네트워크' 'G7 플러스' '한미동맹 플러스' 등은 모두 조금씩 다른 국제네트워크이고, 각자 추구하는 다자주의 원칙 역시 조금씩 다르다. 결과적으로 한국이 추구하는 이익이 서로 다르고, 그러한 참여가 서로 배타적이지도 않고, 또한 한국은 배타적인 이해관계에 얽매이지 않도록 외교적으로 정교한 노력이 필요하다.

비국가 행위자의 행동 반경이 더욱 넓어지고, 결과적으로 정치영역과 시장영역이 더욱 차별화되는 경향이 강화되겠지만, 여전히 조정자(moderator 혹은 facilitator) 역할을 담당하는 '국가'의 역할을 대체할 행위자는 등장하지 않을 것이다. 결과적으로 비국가 행위자가 공적 권위를 인정받는 데에는 여전히 한계가 있을 것이다. 다만, 글로벌 시민사회(global civil society)의 형성은 더 가시화될 수 있는데, 한 국가 안에서의 시민사회가 정부의 부당한 권력남용에 대항하면서 오랫동안 정당성과 영향력을 키웠듯이, 글로벌 시민사회 역시 특정 강대국이나 국가군(群)의 과다한 영향력 행사에 맞서는 상황이 등장할 것이다.

마지막으로 국제사회의 '이슈' 차원에서, 가장 중요한 부분은 미래에는 인권, 양극화, 지구화 문제(기후변화 등), 국제 보건 등과 같이 어떤 나라도 독점적으로 해결책을 제시할 수 없는 이슈들이 지배적으로 등장할 것이라는 점이다. 결국 개별 국가가 각자의 역량에 따라 국제사회에서 얼마만큼 '문제해결능력'과 영향력을 확보할 것인가의 문제인데, 국가는 각자의 외교안보 자산을 바탕으로 국제사회에 기여하는 고유한 모델을 확보하게 될 전망이다. 그런데 미래 이슈들의 특징을 고려할 때 국제사회의 제도적 장치만 잘 만들어 놓는다고 해서 해결할 수 없는 경우가 대부분이다. 따라서 미국과 같은 강대국이 행사하는 리더십에 대한 평가는 글로벌 행위자들의 협조를 이끌어내는 능력, 각 국가들의 의지(committment)를 실천으로 전환시키게 만드는 능력에 집중해야 할 것이다.

3. 강대국 정치(power politics): 미중 충돌과 우크라이나 전쟁

현재의 국제질서 대전환을 주도하는 또 하나의 쟁점은 '강대국 정치'의 귀환이다. 이 쟁점의 한 가운데에는 미중 충돌과 우크라이나 전쟁이 자리 잡고 있다. 두 차례의 세계대전 이후 강대국들은 전쟁을 정책 수단으로 채택하기 주저했다. 냉전 전체 기간 동안 발생했던 두 개의 유이(有二)한 대규모 국제전이 베트남전과 한국전이라는 사실에서 보듯이, 전쟁이 아니고서도 국가 이익을 확보하고 영향력을 확산할 정책 수단이 많이 개발되었기 때문이다. 세계화 30년 동안 미국은 유럽 지역에서 나토 확장을 통해 '러시아 묶어두기'에 성공했고, 러시아의 안보불안이 증폭되면서 결국 우크라이나 전쟁이 발발하게 되었다. 미중갈등이 심각한 수준으로 증폭되었고, 바이든 정부 등장 이후 '인도태평양 전략'이 더욱 강조되면서, 아마도 러시아는 미국이 자신에게 그랬듯이 중국이 미국을 아시아 지역에 '묶어 두는 전략'을 희망하면서 전쟁을 일으켰을 것이다. 비록 과거 70~80년대의 냉전 방식의 강대국 정치까지는 아니더라도, 강대국 간 치열한 경쟁의 전개는 국제질서 대전환의 또 다른 한 장면으로 받아들이고 있을 것이다. 미중갈등부터 살펴보면, 유럽과 달리 동아시아는 지역 차원에서 작동하는 세력균형이 존재하지 않는다. 동아시아 세력균형의 부재는 근대는 물론 전근대 시기 동안에도 마찬가지였는데, 오랜 기간의 중화질서가 청일전쟁(러일전쟁)으로 깨지면서 일본이 동아시아 패권국가가 되었고, 2차 대전 이후 자유주의 국제질서가 정착됨과 동시에 미국이 동아시아의 세력균형자(power balancer)로 자리 잡았다.[9] 전후 질서에서 동아시아 국제관계는 역사적으로 지금까지 네 차례의 단계를 경험했는데, 1) 1945년부터 데탕트까지 중국을 배제한 미국 주도의 지역질서, 2) 데탕트 이후 1990년대 초까지 중국이 편입되었지만 미국의 절대적 영향력 하의 지역질서, 3) 1990년부터 2010년대 중반까지 한반도에서 전개된 '소

9 참고, Michael Yahuda, *The International Politics of the Asia-Pacific* (London: Routledge, 2019); Samuel Kim, eds., *The International Relations of Northeast Asia* (Lanham, MD: Rowman & Littlefield Publishers, 2003).

(小) 데탕트'를 포함하여 동아시아 역내 국가들 간 상호의존이 심화되는 가운데 미국의 리더십이 새롭게 정립된 시기, 4) 2010년 무렵부터 현재 진행 중인 중국의 부상에 따른 미중갈등이 구조적으로 구체화되고 있는 시기, 이렇게 네 개 과정으로 구분해 볼 수 있다.

물론 아직까지 '복합 국력(Overall power)' 관점에서는 미중 사이에 여전히 상당한 격차가 존재하고 있지만, GDP와 같은 산업생산력에만 초점을 둔 기준으로 하면, 2040년을 전후로 중국이 미국을 제치고 세계 1위를 차지할 전망이다. 그런데, 동아시아 지역에서 전개되는 두 국가 사이의 경쟁구도가 다른 어느 지역보다도 구체적이고 심각하다는 점을 상기할 때,[10] 한국의 외교안보 이익에 미치는 미중갈등의 심각성은 매우 중대하다. 미중갈등으로 인해 한국의 외교 스탠스가 중요하다는 주장이 담론 차원에서 진행되다가, 우리에게 매우 구체적인 국가 이익으로 다가온 것은 2016년의 '사드 배치 사태'와 2019년의 '화웨이 사태'이다. 1953년 한미동맹 체결 이후 한국의 관점에서 과거 미국은 '관대한 안보 보장 지원국'이었다면 현재는 '상호주의적 초강대국'이 되었고, 중국은 '강력한 이익 추구형 확장국가'로 이해된다. 미중갈등이 구조화되면서 호주, 싱가포르, 프랑스 등과 같이 미중갈등으로 인해 외교적 난제들을 겪고 있는 국가들이 속속 등장하고 있지만, 북한 문제를 안고 있는 관계로 한국과 같은 난처한 처지의 나라는 없을 것이다.

지금까지 대략 20년 정도의 시간 동안 전개된 미중갈등은 일종의 단계적 국면을 바꿔가면서 진행되었다는 점에 주목할 필요가 있다. 구체적으로 1990년대 후반 이후부터 발견되기 시작했던 '사건중심적인 경쟁(even-driven competition)', 2010년 전후를 시점으로 가시화되기 시작

10 특히 많은 국내외 전문가들은 동아시아 안보질서 차원에서 미중갈등의 상징적인 지역으로 '대만, 한반도, 남중국해', 이렇게 세 개 지역을 꼽고 있다.

한 '제도중심적인 경쟁(institution-driven competition)', 그리고 최근에 와서는 글로벌 질서 수립의 주도권을 놓고 다투는 '표준지향적인 경쟁(global standard-driven competition)'에 이르기까지 미중경쟁은 일정한 시간적 격차를 보이면서 흥미로운 변화를 보여 왔다. 여기서 주목할 부분은 2010년을 전후로(2단계) 중국은 미국이 만들어 놓은 국제질서의 각종 제도적 세팅에서 벗어나, 중국 스스로 국제제도를 직접 설계해야만 국가이익을 극대화할 수 있다고 판단했다는 점이다. 중국의 이러한 노력은 국제안보, 국제경제, 문화 등과 같이 모든 영역에 걸쳐서 정교하게 진행되었는데, 상하이협력기구(SCO), 아시아인프라투자은행(AIIB), 신개발은행(NDB) 등의 사례에서 보듯이, 더 이상 미국 주도의 제도적 영향력 아래에 머물 수 없다고 판단한 것이다.[11]

미중갈등과 관련하여, 한국의 외교 스탠스는 다른 어떤 나라보다도 심각한 국가 과제가 아닐 수 없다. 기본적으로는 지금까지 우리가 취해왔던 것처럼 '한국 외교는 가치와 원칙에 입각해서 글로벌 스탠다드를 존중한다'는 원칙론적 입장을 유지해야 할 것이다. 물론 이 과정에서 중국으로부터 '글로벌 스탠다드'는 곧 '미국식 스탠다드'를 의미한다는 오해를 받을 여지가 크지만, 그렇다고 하더라도 한 개인이건 국가이건 정체성은 '말과 행동'에서 비롯되기 때문에, 새롭게 등장하는 각종 글로벌 신안보 사안들에 일관된 입장을 표명하면서, 한국 스스로 외교적 입지를 넓혀나가는 노력을 해야만 할 것이다. 미국과 중국 사이에서는 '외교적 거리'의 균형이 아니라, '국가 이익적' 균형을 잡아야 하고, 한국과 유사한 고민을

11 참고, David Arase, ed., *China's Rise and Changing Order in East Asia* (New York: Palgrave Macmillan, 2017); Jin Kai, *Rising China in a Changing World: Power Transitions and Global Leadership* (New York: Palgrave Mcmillan, 2016).

하는 나라들과의 적극적인 연대를 통해서 '자강과 연대'의 입지를 강화해야만 한다.

한편, 최근의 우크라이나 전쟁과 지정학의 부상을 둘러싸고, 전쟁 이후 러시아를 중심으로 한 새로운 강대국 갈등구조가 등장할 것이고, 이와 관련한 한반도적 영향력에 대한 다양한 분석이 제기되고 있다. 어떤 형태로든 향후(2040년경까지) 국제환경에서 현재 제기되고 있는 러시아 변수가 당분간 영향력을 행사할 가능성은 매우 높아 보인다. 두 가지 시나리오가 가능한데, 1) 러시아와 중국의 연대 강화를 통해 러시아는 미국이 아시아 지역에서 중국과 경쟁에 몰두하게 만들면서, 유럽 지역에서 자신들을 위한 전략적 공간이 확보되기를 희망할 것이다. 또한 2) '미·중·러 삼각 게임'이 과거보다 훨씬 복잡하게 전개될 가능성이 높아진 관계로, 과거 냉전기와 직접적인 비교는 불가능하지만, 어떤 형태로든 미중 사이에 협력과 갈등의 방식이 훨씬 다이나믹하게 전개될 것은 분명해 보인다. 특히 이와 관련하여, 국제사회의 비난을 받는 러시아를 지원한다는 중국의 심리적 부담감이 오히려 아시아 미중갈등 구조에서 미국과 특정 영역에서(인권 문제, 에너지 문제) 의도하지 않은 협력으로 이어질 가능성 역시 존재하는 것으로 판단된다.

III. 한반도적 의미

지금까지 살펴봤듯이, 국제질서 '대전환'의 핵심은 자유주의국제질서의 조정과 미중 충돌이다. 한반도는 2차 세계대전 이후 국제정치적 요소에 의해 분단된 대표적인 지역이고, 앞서 살펴본 바와 같이 세계화 30년의 시간 동안 개방과 상호의존을 통해 가장 큰 혜택을 누린 나라 중 하나

이기도 하다. 한반도 문제가 안고 있는 이러한 국제적 성격에 대한 정확한 이해와 진단은 남북관계 발전의 가장 중요한 전제 조건이라고 해도 과언은 아니다. 2023년 3월이면 시진핑 주석의 3번째 임기가 공식 시작되고, '포스트-코로나' 질서에서 다자주의의 새로운 유형이 어떤 형태로든 가시화될 가능성이 높아지고 있다. '인도태평양 전략'이라는 이름에서 보듯이, 아시아의 전통적인 지역 구분이 사라지고 인도와 태평양이 하나로 연결되는 전략 지형이 생겨나고 있고, 혹은 한국과 나토의 연결처럼 개별 국가와 다자주의가 연결되는 '원+다자주의' 형태도 가능할 수 있다.

앞으로 세계화 30년 이후에 전개될 소위 '세계화 2.0'이 어떤 방식으로 구체화될지 장담하기는 어렵지만, 지금까지 우리에게 기회를 제공했던 세계화와는 다른 모습이라는 사실은 분명해 보인다. 이런 가운데, 미중 갈등의 구조적 악화는 한반도 평화에 드리운 어두운 그림자임에 틀림없다. 외교안보정책에 투입할 수 있는 자원이 제한적인 한국의 입장에서 미국과 중국의 대외정책에 영향을 미치는 일은 매우 어려운 국가 과제이다. 하지만 과거 '사드 사태'에서 경험했듯이, 한반도 차원의 문제가 미중갈등의 문제로 전환되는 순간 결국 그 피해는 고스란히 한국의 몫이 된다. 결국 미중 사이에서 '이익의 균형'을 찾아야 할 때이다.

마지막으로, 기본적으로 안보(security)는 사회 안에서 구성원들 사이에 경쟁하는 다양한 가치들 간의 경쟁을 통해서 확인되고, 또한 확보된다. 한반도 문제의 특성상 여전히 안보 논의는 정부 주도적인 경향이 강하다. 한반도 안보 상황을 고려할 때, 국가 역할이 가지는 중요성을 부인하는 것은 아니다. 다만 현재와 같은 외교 및 안보 논의 방식에는 많은 문제점이 있는데, 예를 들어 점차 통일에 관심을 잃어가는 MZ 세대의 세계관을 포용하는 일은 앞으로 더욱 힘들 것이다. 머지않은 장래에 통일에 무관심하다는 정책을 앞세운 정당이 출현하지 말라는 보장이 없어 보인다. 한반도와 국제질서 대전환이 어떤 맥락과 이해관계에서 교차하는가의 문제는 공동체 안에서 사회적으로 구성(social construction)되어야 한다. 사회적 구성은 논의의 '개방 및 자유'와는 다른 차원이다. 역설적이지만 국제질서 대전환의 시기를 맞아 한반도 안보와 평화 문제에 대한 논의가 더 투명하고 개방적으로 진행되는 것이 우리의 궁극적인 평화를 실천하는 가장 현명한 지름길이라고 생각한다.

참고문헌

박인휘. "김정은 시대의 북한 외교전략," 박재규 편, 『새로운 북한 이야기』, 서울: 한울아카데 미, 2018.

윤정현. "초국가적 난제 시대의 초국가적 거버넌스," 국제문제연구소 워킹페이퍼 166(2020).

Arase, David, ed., *China's Rise and Changing Order in East Asia*, New York: Palgrave Macmillan, 2017.

Ikenberry, G. John. "The End of Liberal International Order?," *International Affairs*, Vol. 94, No. 1(2018), pp. 7-23.

Jahn, Beate. "Liberal Internationalism: historical trajectory and current prospects," *International Affairs*, Vol. 94, No. 1(2018), pp. 43-61.

Kai, Jin Kai. *Rising China in a Changing World: Power Transitions and Global Leadership*, New York: Palgrave Mcmillan, 2016.

Kim, Samuel, eds., *The International Relations of Northeast Asia*, Lanham, MD: Rowman & Littlefield Publishers, 2003.

Nye, Joseph S. Jr., "American and Chinese Power after the Financial Crisis," *The Washington Quarterly*, Vol. 33, No. 4(2010).

Oberdorfer, Don. *The Two Koreas: A Contemporary History*, N.Y.: Basic Books, 2001.

Ruggie, John G. Ruggie, ed., *Multilateralism Matters: the Theory and Praxis of an Institutional Form,* N.Y.: Columbia University Press, 1993.

Yahuda, Michael Yahuda. *The International Politics of the Asia-Pacific*, London: Routledge, 2019.

제3장

한·미·일 안보협력 확대
: 배경, 전망, 향후 과제

성 기 영

국가안보전략연구원 외교전략연구실장

Ⅰ. 들어가며

윤석열 대통령과 조 바이든 미국 대통령, 기시다 후미오 일본 총리는 2022년 11월 13일 캄보디아 프놈펜에서 열린 동아시아정상회의(EAS)를 계기로 한·미·일 정상회담을 열고 '인도태평양 한·미·일 3국 파트너십에 대한 프놈펜 성명'을 발표했다. 한·미·일 3국 정상은 이번 공동성명에서 전례 없는 수준의 3국 공조를 평가하고 안보 영역 뿐만 아니라 경제와 기후변화 등 여러 영역에서 더욱 긴밀한 3국 연대를 공고히 해나가기로 하였다. △안전한 인도-태평양 지역과 그 너머 △확대되는 역내 파트너십 △경제적 번영, 기술 선도 및 기후위기 대응 등 3부로 구성된 공동성명은 한·미·일 정상회담 역사상 가장 포괄적이고 광범위한 내용을 담고 있는 것으로 평가받고 있다. 6개월 동안 두 차례의 한·미·일 정상회담이 잇달아 열린 것도 전례를 찾아보기 힘든 일이었다.

특히 3국 정상은 북한의 연이은 미사일 도발을 규탄하고 북한이 유엔 안보리 결의 상 의무를 준수할 것을 촉구하는 한편, 북한이 핵실험을 강행할 경우 강력하고 단호한 대응에 직면하게 될 것임을 재확인했다. 북한의 미사일 위협에 대응하는 각국의 탐지 능력을 향상시키기 위해서는 북한 미사일 경보 정보를 실시간으로 공유한다는 구체적 합의도 도출하였다.

한·미·일 공동성명에는 중국을 겨냥한 3국 공통의 결의도 포함되었다. 3국 정상은 '불법적인 해양 권익 주장과 매립지역의 군사화, 강압적 활동을 포함하여 인도 태평양 수역에서의 일방적 현상 변경 시도에 강력히 반대한다'고 선언했다. 유엔해양법협약에 부합하는 항행과 상공 비행의 자유도 강조했다. 한편, 대만 관련 기본입장을 다시 한번 강조함으로써 바이든 대통령 취임 이후 한미, 미일 정상회담을 통해 확인했던 '힘에 의한 현상 변경 반대' 입장도 재확인했다.

한·미·일 안보협력이 역대 최고 수준으로 확대되는 상황은 미중 전략 경쟁의 심화와 러시아의 우크라이나 침공으로 촉발된 동서 진영 간 갈등의 재현이라는 국제정치의 대전환에서 기인한 측면이 있다. 그러나 동시에 미일 양국은 3자협력에 대해 어떠한 기대이익을 가지고 있으며 양국의 동아시아 전략구상이 어떠한 방식으로 3자협력에 영향을 미치고 있는지에도 주목할 필요가 있다. 미국은 오바마 행정부에서 아시아 재균형(rebalancing) 정책을 통해 외교전략의 우선 순위를 중동과 유럽에서 동아시아 지역으로 전환하면서 이미 중국을 잠재적 안보위협으로 규정한 바 있다. 트럼프 집권 기간을 제외하면 민주당 정부의 동아시아 전략은 한미동맹과 미일동맹을 업그레이드하는 동시에 동맹 및 파트너 국가들과의 소다자 협력을 동시에 촉진하는 데 맞춰져 왔다. 바이든 행정부 출범 초기부터 미국이 규칙 기반(rules-based) 자유주의 국제질서를 강조하며 한국과 일본을 안보협력의 핵심 파트너인 동시에 민주주의 가치, 법의 지배, 인권 존중 관행 등을 공유하는 국가들이라고 강조하면서 한·미·일 3국 협력을 강조한 것은 이러한 전략을 배경으로 하고 있다.

한·미·일 안보협력에 대한 일본의 전략은 자위대의 역할 확대 등 국방력 증강과 직접 연결되어 있다. 냉전 시기 동아시아 지역에서 일본의 군사적 역할은 주일미군에 대한 기지 제공 정도에 머물러 있었지만 냉전 종식과 북핵 위기 등을 거치면서 자위대의 후방 지원(rear support) 등으로 역할을 확대해왔다. 특히 아베 정부 당시부터는 군사력 강화를 통해 지역의 안정과 세계 평화에 기여한다는 '적극적 평화주의' 노선을 표방하고 있다. '적극적 평화주의' 노선은 중국의 부상을 견제하고 동아시아는 물론 국제정치에서 영향력을 유지하고자 하는 일본의 국가전략이었다. 동시에 일본의 이러한 국가전략은 지역동맹 강화를 통해 중국에 대응하고자 하는 미국의 이해관계에도 적극적으로 부합했다. 일본은 한반도에서의 군사적 충돌을 사전에 방지하고 북한의 도발이 일본 열도와 주민들을 위협하지 못하도록 방어하고자 한다. 또 한반도 유사시 미군의 증원과 보급을 위한 자위대의 역할을 고려할 때 한·미·일 안보협력 확대야말로 북한에 대한 억제력을 강화하고 억제가 실패했을 경우에도 군사적 충돌에 대응하기 위한 수단이라는 의미를 갖는다.

미일 양국의 동아시아 전략 구상 속에서 한·미·일 안보협력 확대를 촉발한 직접적 원인은 북한의 핵미사일 위협 증대라고 할 수 있다. 북한의 추가 도발 억제를 위한 유엔 등 국제사회의 노력이 원활하게 작동하지 않는 가운데 2022년 내내 북한의 미사일 도발이 역대 최고조에 이르면서 한국과 일본의 위협 인식은 크게 고조되었다. 2022년 6월 한·미·일 국방장관 회담 당시만 해도 한국은 3국 군사협력 확대 필요성에는 공감하면서도 표면적으로는 '한미 군사훈련과 한·미·일 군사훈련은 다르다'는 유보적 입장을 유지했다. 그러나 북한이 9~10월에 걸쳐 탄도미사일 7발을 발사하는 등 보름 동안 전술핵 운용부대 훈련을 과시하고 나서면서 한국의 입장도 한·미·일 연합훈련 참여로 선회하였다.

북한의 위협과 중국의 부상에 대한 대응으로서 한·미·일 안보협력 확대는 우리의 대북정책과 남북관계의 미래에도 직접적 영향을 미칠 수밖에 없다. 북한이 러시아의 우크라이나 침공 이후 조성되고 있는 신냉전적 국제질서 속에서 미중 갈등에 편승하고 대중·대러관계를 최대한 활용하면서 핵미사일 능력 고도화를 통해 지역의 평화와 안정을 위협하고 있기 때문이다. 그런 의미에서 한·미·일 안보협력 확대의 배경을 북한 요인과 중국 요인을 중심으로 살펴보고 향후 전망을 바탕으로 우리의 정책적 과제를 점검하는 일이 중요한 과제로 떠오르고 있다.

Ⅱ. 한·미·일 안보협력 확대의 배경과 전망

바이든 행정부 출범 이후 한·미·일 3국이 안보협력 확대에 대해 가지고 있었던 각각의 인식과 기대이익이 처음부터 일치했던 것은 아니었다. 특히 문재인 정부 당시 한·미·일 3국의 대북정책 내에서는 상이한 인식이 자리잡고 있었다. 한국이 하노이 노딜 이후에도 종전선언 등을 매개로 대북 관여정책의 복원에 총력을 기울인 반면, 미일 양국은 여전히 군사적 억제와 경제 제재 중심의 대북정책을 유지하면서 북한의 태도 변화를 기다리는 수동적 태도를 벗어나지 않았다.

그러나 한국의 정권 교체 이후 억제 중심의 대북정책이 전면화하고 미국이 한·미·일 협력 확대를 인도태평양 전략의 주요 행동계획으로 못박으면서 3국 협력은 급물살을 타기 시작했다. 윤석열 대통령과 바이든 대통령, 기시다 총리는 북대서양조약기구(NATO) 정상회담을 계기로 별도의 3자회담을 갖고 북핵 대응 공조 뿐만 아니라 인도태평양 내의 협력 제고, 글로벌 이슈 협력 등에 대한 서로의 의지를 확인한 바 있다. 특히 당시 나토 정상회담에서 중국을 처음으로 '체제적 도전(systemic challenge)'으로 규정했다는 점에서 한·미·일 정상회담 역시 중국을 직접 거론하지는 않았지만 대중 견제의 일환으로 해석되었다.

무엇보다도 한·미·일 안보협력 확대를 직접적으로 자극한 요인은 역대 최고조로 진행되었던 북한의 미사일 도발이었다. 북한은 한미연합훈련 기간 중에는 미사일 발사 등 군사행동을 자제했었던 과거 관례와 금기를 깨고 단거리 탄도미사일 발사, 해안지역 포사격 등 전술핵 운용부대의 실전 훈련에 나선 바 있다. 이에 따라 9월에는 한·미·일 연합 대잠수함 훈련이, 10월에는 미사일 방어훈련이 동해 공해상에서 실시되었다. 한·미·일 3국이 합동으로 북한의 군사적 위협에 대한 경보, 탐지, 추적훈련을 실시함으로써 역내 군사력의 상호운용성(interoperability)을 보완해 나가고 있는 것이다. 한·미·일 안보협력 확대에 따른 부작용을 우려하는 목소리가 있었지만 북한의 잇따르는 도발에 대한 대응이라는 명분이 더욱 부각되었다.

한·미·일 안보협력은 북한의 비핵화를 위한 국제적 차원의 노력이 미중 갈등과 미러 대립으로 인한 유엔 안보리 기능의 형해화로 인해 한계에 봉착한 상황에서 더욱 주목받고 있다. 북한의 핵미사일 능력 증강과 미사일 도발에 직접적으로 대응하기 위해서는 한미, 한일 간에 미사일 탐지 정보가 실시간으로 공유되고 이에 따라 경보 및 추적이 원활하게 작동되어야 하기 때문이다. 특히 일본과의 정보 협력은 일본이 보유한 위성 자산과 이지스함, 조기경보기, 대잠 초계기 등을 활용해 북한 도발에 따른 정보 공백을 메울 수 있다는 장점을 갖고 있다. 북한의 미사일 도발에 대한 실시간 정보 공유를 기반으로 전략자산 배치, 군사훈련, 작전 집행 등 한·미·일 간의 군사적 공조 수준이 단계적으로 높아질 것으로 전망할 수 있는 것도 이러한 이유 때문이다.

윤석열-바이든-기시다 정부에서 한·미·일 안보협력이 한일관계 개선 노력을 동력으로 삼고 있는 한편, 한미동맹과 미일동맹 등 양자관계에 의해 강력하게 뒷받침되고 있다는 점도 과거와 다른 측면으로 평가할 수 있다. 박근혜 정부와 문재인 정부 당시에도 한·미·일 정상회담은 성사되었다. 그러나 과거사 관련 갈등, 정보보호협정(GSOMIA) 밀실 추진 논란, 대북 인도적 지원을 둘러싼 이견 등으로 안보협력 강화의 실천방안에 대한 합의에 이르지는 못했다. 하나같이 한일관계에서 기인하는 민감한 이슈들이었다. 그러나 윤석열 정부가 한일관계 개선을 위한 강력한 의지를 천명하고 일본이 소극적이나마 정상회담 등 대화 재개에 응하면서 분위기는 반전의 계기를 잡았다. 윤석열 정부 출범 이후 한미 확장억제협의체

(EDSCG) 재가동, 야외 실기동 연합훈련 재개 등 한미동맹의 대북 억제 조치도 강화되었고, 인도태평양 전략 내에서 미일동맹의 공고화는 더욱 속도를 내고 있다. 과거 한·미·일 3국 협력이 한미, 미일, 한일 간 양자관계가 호혜적으로 유지되어갈 때 원활하게 작동했던 사례에 비춰보더라도 윤석열 정부 내내 한·미·일 안보협력은 확대일로에 접어들 가능성이 점쳐진다.

2022년 들어 ICBM만 8차례 발사할 정도로 북한이 미사일 위협 수준을 높이는 한반도 주변 상황은 한·미·일 안보협력을 더욱 촉진하는 외부 요인으로 작용하고 있다. 특히 북한이 한·미·일 공조를 염두에 둔 핵 독트린을 과시하고 있는 데에 주목할 필요가 있다. 예를 들어 북한은 2022년 9월 공표한 핵무력정책법에서 '다른 핵무기 보유국과 야합하여 조선민주주의인민공화국을 반대하는 침략이나 공격행위에 가담하는 경우 핵무기를 사용할 수 있다'고 선언함으로써 한국 또는 일본에 대한 핵 공격 의도를 숨기지 않았다. 북한의 군사행동에서는 한·미·일 3국 공조의 확대를 경계하는 동시에 3국을 별도로 겨냥하는 듯한 모습이 나타나기도 했다. 한국을 겨냥해 서해 북방한계선(NLL) 이남으로 단거리 탄도미사일을 발사하는 동시에, 일본을 위협하는 중거리 탄도미사일(IRBM)과 미국 본토 타격을 목표로 하는 대륙간탄도미사일(ICBM) 발사시험에 나서는 방식과 같은 것이다. 북한이 한·미·일을 향해 개별적으로 핵타격 위협을 가하는 상황에서는 3국의 협력 수요가 더욱 늘어나고 협력 의지도 강화될 것이다. 이처럼 북한의 군사도발 증대, 한·미·일 3국의 협력 강화 의지, 한·미·일 내 양자관계의 공고화 등이 복합적으로 작용하면서 한·미·일 안보협력은 동북아시아 안보의 핵심축으로서의 역할을 더욱 분명히 하고 있다.

과거 어느 정부에서도 볼 수 없었던 수준으로 확대되고 있는 한·미·일 안보협력은 북한의 핵능력 증강 뿐만 아니라 중국의 부상으로 인한 주변국 불안요인에 대한 대응수단으로 더욱 주목받고 있다. 한·미·일 3국 정상의 프놈펜 공동성명은 '안전한 인도태평양 지역'의 중요성을 최우선적으로 강조하고 있다. 특히 3국 정상은 '불법적인 해양 권익 주장과 매립지역의 군사화, 강압적 활동 등 인도태평양 수역에서의 일방적 현상 변경 시도에 반대한다'는 대목을 공동성명에 포함시켜 중국의 역내 위협에 대한 공통의 입장을 확인했다. 특히 '불법적 해양 권익 주장'은 미일공동선언에서는 포함되었지만 한국 측의 반대로 한·미·일 선언에서는 배제했던 표현으로, 한국이 남중국해 문제 등에서 중국의 행태에 대해 보다 확실한 목소리를 내겠다는 의지를 표명한 것으로 해석된다. 뿐만 아니라 '3국이 경제적 강압에 함께 대항하고 지속가능한 차관 공여 관행을 지지할 것'이라고 밝힘으로써 중국의 대한(對韓) 사드 보복이나 대일(對日) 희토류 보복 등과 유사한 사태가 재발할 경우 반중(反中)연대가 형성될 수도 있다는 점을 시사하는 한편, 중국의 일대일로 사업과정에서 드러나고 있는 차관의 무기화에 반대한다는 입장도 분명히 했다. 비로소 한·미·일 안보협력의 범위가 과거처럼 북핵 위협 대응과 동북아시아 지역의 안전보장이라는 목표에 국한하지 않고 인도태평양 지역으로 확대되고 있다는 사실을 공식화한 것이다.

한·미·일 안보협력 목표의 확장은 바이든 행정부 출범 이후 지속적으로 추진되어왔다. 바이든 대통령은 취임 이후 첫 번째 대면 정상회담의 파트너로 일본의 스가 총리를 선택했고 블링컨 국무장관과 오스틴 국방장관은 바이든 행정부 출범 이후 첫 번째 해외 순방지로 한국과 일본을 선택했다. 한미 및 미일 외교·국방(2+2)장관 회담, 한미·미일정상회담 공동성명 등을 통해 한·미·일 3국 협력의 중요성 뿐만 아니라 인도태평양 전략과의 연계성이 강조되었다. 바이든 행정부에게 아시아태평양 지역에서

최장 기간 유지되고 있는 한미 및 미일동맹이야말로 미국이 인도태평양 전략을 기반으로 대중국 경쟁을 벌이는 데 있어 핵심적 자산이었다.

동맹 네트워크의 상호연계를 통한 시너지 효과 제고를 염두에 두고 있었던 바이든 행정부로서는 한·미·일 안보협력의 확대야말로 아시아 외교의 최우선 과제였던 것이다. 오커스(AUKUS)와 같은 신규 동맹과 쿼드(QUAD) 등 지역협의체를 핵심 동력으로 해왔던 인도태평양 전략이 한·미·일 안보협력 확대를 통해 더욱 완성된 형태를 갖춰나가는 것으로도 해석할 수 있다. 또한 중국의 급부상으로 인해 미국의 상대적 국력이 약화하고 있는 상황에서 한일 양국의 경제력은 냉전 시기와 달리 미국의 기술적 경쟁력에 대한 보완재 역할을 하기에도 충분했다. 바이든 행정부가 인도태평양 전략서에서 주요 행동계획으로 한·미·일 3국 협력의 확대를 선언한 것은 이러한 인식을 배경으로 하고 있다.

한국과 일본 양국 모두 중국과의 안보 갈등으로 인해 경제보복을 당한 경험을 갖고 있으며 중국의 급부상으로 인한 역내 세력균형의 변화로부터 위협을 느끼고 있다는 점은 한·미·일 안보협력을 인도태평양 전략의 일환으로 확대하는 데 따른 부담감을 줄이는 요인으로 작용했다. 2010년 센카쿠열도(중국명 댜오위다오) 영토 분쟁에 따른 대일 희토류 수출 중단과 2016년 한국의 사드 배치 이후 중국의 한한령(限韓令) 등 경제보복은 배경과 상황을 달리하지만 경제적 상호의존을 무기화했다는 점에서는 본질적으로 동일하게 받아들여지고 있기 때문이다. 특히 일본의 국내총생산(GDP) 규모가 중국에 추월당한 이후 중국에 대한 경각심이 고조되는 등 일본의 대중 위협인식은 미국과 동조화 현상마저 보이고 있다. 일본은 한·미·일 3국 협력 구도에 미국과 함께 한국의 관여 수준을 높임으로써 중국의 공격적 행태에 대해 헤징전략을 구사하고자 할 것이다.

한편, 자유민주주의 가치와 공동이익에 바탕을 둔 동아시아 외교를 강조하고 있는 윤석열 정부도 한·미·일 협력의 단계적 확대가 상호존중과 협력에 기반한 한중관계 구현과 상호모순되지 않는다는 입장을 유지하고 있다. 인도태평양 전략에 대한 한국 정부의 입장은 바이든 정부 출범 이후 제한적 동의라는 소극적 태도에서 포괄적 참여라는 적극적 입장으로 발전해왔다. 문재인 정부 당시 한미정상회담 공동성명에서 '인도태평양 지역에 대한 각자의 접근법(respective approaches)'이라는 전제 하에 신남방정책과의 연계성만을 언급하는 수준에서 거리를 두었던 것과 비교하면 인태전략에 대한 한미 간 동조화 수준은 획기적으로 높아졌다.

인도태평양 전략의 일부로서 한·미·일 안보협력 확대가 지속적으로 추진되자 중국은 러시아와의 공조 수준을 높이고 대북 제재 전선에서 이탈하면서 북한의 안보 우려만을 반복적으로 강조하고 있다. 중국은 이미 미국의 인도태평양 전략에 대해서는 '냉전식 사고의 부활'로, 쿼드에 대해서는 '배타적 파벌 형성'으로 비난해 온 바 있다. 한·미·일 프놈펜 공동성명이 '불법적인 해양권익 주장'과 '인도태평양 수역에서의 일방적 현상변경 시도'에 반대한다는 입장을 밝힌 데 대해 중국은 외교부 대변인이 기자의 질문에 답변하는 형식으로 "국가 간 교류가 제3자를 겨냥하거나 제3자의 이익을 해쳐서는 안된다"는 수준의 입장만 내놓은 바 있다.

그러나 한·미·일 안보협력 확대에 대한 중국의 대응이 여기에 그치지만은 않을 것으로 보인다. 과거 한국과의 사드문제 해결방안 협의 당시 사드 추가 배치와 미사일방어망(MD) 구축 반대 뿐 아니라 한·미·일 군사협력 확대 문제를 거론하고 나온 상황 등에 비춰볼 때 중국은 한·미·일 프놈펜 선언이 구체적 행동으로 나타나는 시점에 더욱 강경한 태도로 대응할 가능성을 배제할 수 없다.

Ⅲ. 향후 과제

한·미·일 안보협력 확대의 배경에는 바이든 행정부의 동맹 관리 정책이 우선적으로 자리잡고 있다. 미국은 아프가니스탄 철수를 신호탄으로 범세계적인 관여 정책 포기를 본격화하고 러시아의 우크라이나 침공에도 불구하고 간접적인 군수 지원으로 관여의 폭을 제한하고 있다. 동시에 오커스(AUKUS)와 같은 소다자 동맹 구축, 미일동맹 강화 등을 통해 중국의 부상에 대응하고 있다. 제한적 관여를 바탕으로 하는 동맹관리 정책에서 한·미·일 안보협력은 동북아시아 지역에서 중국의 부상을 견제하고 북한의 위협을 억제하는 핵심적 플랫폼을 역할을 하게 될 것이다.

가치 기반 외교를 바탕으로 글로벌 중추국가를 지향하는 우리 정부는 중국의 경제적 압박과 북한의 핵미사일 위협에 대응하기 위한 유효한 수단으로 한·미·일 안보협력을 활용할 수 있다. 그러나 동시에 한중관계가 협력과 우호의 틀을 벗어나지 않도록 관리하는 데 실패할 경우 한·미·일 안보협력 확대는 중국으로부터의 반발을 불러일으킬 가능성도 크다. 따라서 장기적으로는 한·미·일 안보협력 확대가 목표로 하는 대중 견제와 대북 억제의 측면이 충돌하지 않고 병행적으로 유지될 수 있도록 정책 목표를 설정하는 것이 필요하다.

북한 문제에서 한중 양국은 인식의 불일치에도 불구하고 단시일 내에 직접적 마찰을 빚을 가능성은 높지 않을 것으로 보인다. 그러나 대만문제와 남중국해 영유권 문제 등에서 한·미·일 3국이 공동 대응하는 과정에서 중국의 보복 가능성은 여전하다고 할 수 있다. 한·미·일 협력 확대에 대한 중국의 거부감이 구체적 행동으로 발전할 경우 한국은 '약한 고리'로 인식될 가능성이 다분하기 때문이다. 따라서 프놈펜 공동성명에서 언급한 한·미·일 경제안보 대화체 창설을 계기로 한일, 한미 간에도 관련 논의를 촉진함으로써 중국의 대한, 대일 경제보복 사태에 대비한 협력 메커니즘을 선제적으로 마련하는 것이 중요하다.

북핵 문제 대응과 관련해서는 한·미·일 3국 간에 북한의 핵개발 불용, 억제 능력 제고, 외교적 협상에 의한 비핵화 추진 등에 대해 최소한의 공감대가 존재하는 만큼 이를 구체적으로 조율하고 정책 대안을 모색해 나갈 협의체 구성이 바람직하다. 한·미·일 연합훈련 확대 등 억제 위주의 대응만이 지속된다면 북핵 문제에 대한 외교적 해결 무용론과 자체 핵무장론이 득세할 수밖에 없기 때문이다. 북한과의 비핵화 협상 복원을 위해서는 과거 김대중-클린턴-오부치 집권 당시 대북정책 조율을 위해 운영했었던 TCOG(대북정책조정감독그룹) 형태의 한·미·일 고위급 협의체를 상설 운용하는 것도 고려해볼 필요가 있다. 1999년 당시 윌리엄 페리 미 국무부 대북정책조정관은 남북한을 방문해 고위급 정책협의를 가진 후 미 의회에 대북정책권고안을 제출하면서 한·미·일 협의체 창설을 제안한 바 있다.

한·미·일 안보협력의 지속성 확보를 위해서는 3국 협력의 확대가 북중 밀착을 고착화하고 북러관계를 강화하는 방향으로 작동하지 않도록 외교적 노력을 강화하는 것도 중요하다. 러시아의 우크라이나 침공 이후 중러관계가 강화되고 중러 양국이 유엔 안보리 대북 제재 이행 구도에서 이탈하는 상황에서 추진되고 있는 한·미·일 안보협력 확대는 북중, 북러관계를 더욱 강화하는 명분을 제공할 수 있다. 그렇다고 현재의 동북아 질서를 한·미·일 대 북·중·러 구도로 단정짓는 것도 섣부른 일이다. 중국과 러시아를 적대시하지 않는 방향으로 한중, 한러 양자관계를 최대한 관리해나가는 것이 한·미·일 대 북·중·러 구도의 출현을 예방하는 지름길이기도 하다.

한·미·일 3국 협력이 북한과 중국을 겨냥한 군사협력 메커니즘 내에서만 작동하도록 방치하는 것도 바람직한 접근방법이라고 볼 수 없다. 바이든 행정부도 2022년 2월 발표한 인도태평양 전략서에서 한·미·일 3국 협력을 안보이슈를 넘어 지역 개발, 기술과 공급망, 여성 리더십 제고 등으로 확대한다고 천명한 바 있다. 따라서 한·미·일 협력의 모멘텀을 효과적으로 유지하기 위해서는 해양안보 및 재난 대응, 코로나 백신, 신기술 개발과 같은 3국의 공통현안에 대해서도 협력 의제를 발굴하는 것이 필요하다. 나아가 이러한 의제를 추진하는 데 유관국의 동참을 유도하는 '한·미·일+알파(α)' 방식의 협력 메커니즘도 고려할 수 있다. 게다가 한일 양국 간에는 자유와 인권 등 가치연대 차원의 공동의 경험이 일천한 만큼 아시아 지역의 민주주의 진흥을 위한 3국 공통의 이니셔티브를 구상하는 노력도 필요할 것이다. 이러한 과정에서 아시아 국가들의 민주주의 회복과 발전을 위한 대외 원조와 개발사업에 한·미·일 3국이 공동으로 참여하는 방식 등도 고려될 수 있다.

국내적으로는 한·미·일 안보협력 확대에 따라 대일 경계심리가 높아지고 반일감정이 출현할 가능성도 염두에 두어야 할 것이다. 특히 일본이 자국과 동맹국(미국)에 대한 무력 공격이 임박할 경우 적국의 군사시설을 미사일로 공격하는 '반격 능력'을 명문화하는 안보 문서 개정을 완료함에 따라 자위대의 작전 범주 확장 가능성을 둘러싸고 우려가 확산되고 있다. 일본 자위대의 반격 능력 확보는 주변사태법 제정(1999년) → 집단적 자위권의 헌법 해석 변경(2014년) 등 동아시아 지역 내 일본의 군사적 영향력 확대 시도의 연장선상에 있는 동시에, 자위대의 역할을 후방 지원에 국한한다는 기존 입장의 변경을 의미한다. 일본의 반격 능력 확보 선언을 놓고 일본 내에서도 사실상의 선제 공격 가능성을 들어 우려의 목소리가 나오고 있는 이유이다. 한반도 유사시 일본의 반격 능력 행사 여부를 둘러싸고 한일 양국 간에 갈등이 재현될 가능성도 크다. 한국이 북한에 대한 헌법상 영토주권을 근거로 일본의 북한 공격은 한국의 동의를 필요로 한다는 입장을 유지하고 있는 데 비해, 일본은 북한에 대한 반격도 자위권 행사 차원으로 다른 국가의 허가사항은 아니라는 태도를 보이고 있기 때문이다.

2015년 이후 개정되지 않았었던 미일 방위협력지침(가이드라인)을 개정해 일본의 반격 능력 보장을 명문화하려는 움직임이 빨라지고 있는 점도 잠재적 불안요인으로 지적될 수 있다. 대만 유사시 일본 난세이(南西) 제도에 미군의 전개 거점을 확보하고자 하는 미국은 일본의 반격 능력을 명문화한 안보 문서 개정을 환영하고 있으며 미국 내 여론 또한 일본의 방위력 증강에 우호적인 편이다. 일본이 미국과의 동맹을 강화하고 한반도 유사시 관여의 수준을 높이는 등 미중 갈등을 군사적 영향력 확대의 호기로 활용하고 있는 것에 대한 국내외의 우려가 지속되는 상황은 한·미·일 안보협력 확대에도 장애물로 작용할 가능성이 크다. 한·미·일 안보협력 확대 국면에서 정치적으로 소모적인 논쟁이 지속되면 대미, 대일 외교의 발목을 잡는 상황도 배제할 수 없다. 따라서 대외적으로 한·미·일 안보협력 확대를 모색하는 과제 못지 않게 국내적으로 여론을 효과적으로 설득하는 작업도 동시에 추진되어야 할 것이다. 한·미·일 안보협력의 국제정치적 편익을 극대화하되 국내적 비용을 최소화하는 것이 북핵 억제의 효용성을 높이고 궁극적으로 남북관계의 정상화에도 도움이 될 것이기 때문이다.

제4장

북한의 대외정책 변화와 지속 가능한 대북정책

홍 석 훈

창원대학교 국제관계학 교수

Ⅰ. 들어가며

북한의 미사일 도발 등 남북관계의 경색 국면과 러시아의 우크라이나 침공 등으로 인한 국제적 안보위협은 한국의 동북아 협력과 대북정책 수립에 난제를 안겨 주고 있다. 지난 문재인 정부의 한반도 평화프로세스 추진은 남북관계 진전과 제도적 평화체제 구축을 위해 매우 중요한 역할을 담당할 수 있을 것이라는 기대감이 컸으나 아쉽게도 협상 결렬로 북한의 비핵화는 난관에 빠졌고, 한반도 주변국에 대한 외교력 약화로 이어졌다는 비판도 제기되었다.

북한은 최근까지 극초음속미사일, 장거리미사일 시험발사 등 다수의 군사적 도발을 감행하였고, 한미 정보기관은 북한이 7차 핵실험 준비를 마친 것으로 판단하고 있다. 특히, 2022년 9월 8일 최고인민회의 시정연설에서 김정은 총비서는 핵무력 법제화를 선언하였고 핵무기 보유와 사용을 법제화하는 최고인민회의 법령을 채택하였다. 이는 2021년 북한 8차 당대회 이후 핵무력 강화에 방점을 두고 핵미사일 강화전략을 극대화하려는 의도로 보인다. 미중 간 가치 경쟁의 심화 속에서 러시아의 우크라이나 공격 등 변화하는 국제정세와 남북관계의 불확실성도 증대되고 있다. 이러한 상황에서 남한에서는 윤석열 정부가 들어섰다. 윤석열 정부의 대북정책의 목표는 북한 비핵화를 통해 한반도에 지속 가능한 평화를 구현하고 민주주의 가치를 중심으로 한미동맹의 복원과 강화 및 상호주의 원칙에 입각한 당당한 대북정책을 추진할 것을 선언하고 있다.

Ⅱ. 북한의 대외전략 변화

1. 북한 대외전략 기조

북한 외교정책의 기본이념은 북한 사회주의 헌법과 북한 조선 노동당 규약에서 자주·평화·친선으로 규정하고 있으며, "평등과 자주성, 호상존중과 내정불간섭, 호혜의 원칙", "내정 간섭 반대, 자주권·민족, 계급적 해방"을 위한 투쟁적 가치를 강조하고 있다.[1] 또한 1990년대 이후 동구권의 몰락으로 인한 세계냉전구도 와해에도 불구하고, 남북한은 한국전쟁 이후 휴전상태에 있으며 지금까지 체제 정통성 경쟁을 필두로 첨예한 정치적, 군사적 대립상황을 유지해 왔다. 특히, 타 국가와는 달리 북한은 '북한식 사회주의체제(유일수령체제)' 유지를 최고의 국가목표로 한국과는 물론 미국과 서방세계와의 대립구도를 구축하고 있다.

북한은 김정일·김정은 위원장 시대에 걸쳐 프롤레타리아 국제주의 원칙과 자주성을 중심으로 세계인민들과의 평화, 친선을 강조하고 있다. 하지만 외교정책의 기본이념과 달리 북한은 전략·전술적 차원에서 실리외교를 병행하는 행태를 보여주고 있다. 북한의 체제 경쟁 상대인 남한이 동유럽 사회주의 와해 이후 1990년대 초 소련 및 중국과 국교관계를 맺으며 동북아 국제정세는 외교적으로 북한에게 불리한 국제환경을 연출하게 되었으며 경제적으로도 북한은 식량난과 경제고립으로 최악의 경제 난관을 맞이하게 된다. 결국, 북한은 서방 국가들과의 관계개선과 주변 우방국의 친선 도모 정책을 병행하는 모습을 보인다. 북한은 수령체제의 존속과 경제난관 해결이라는 시급한 사안들을 해결해 나가기 위한 실리적 외교전략을 고심해 왔다. 최우선적으로 북미 간 관계개선이 북한체

1 통일부 국립통일교육원, 『2022 북한 이해』, (2022년 2월), p. 82.

제의 생존과 경제문제 해결의 주요 쟁점이었다. 북한은 정치적으로 미국과의 대립관계에도 불구하고 1990년 이후 직접 대화를 통해 관계 개선을 시도해 왔다. 그러나 북한의 지속된 핵개발 정책 추구는 미국과 서방국가들에게 불신을 가중시켰으며, 북한의 실리외교 추진은 한계성을 드러내었다.

2. 김정은 정권의 대외전략

북한 김정은 정권은 공식적으로 대외전략 기조를 자주·평화·친선으로 삼고 있다. 2018년 김정은 위원장은 '대외 선린우호'가 기본 원칙임을 신년사에 밝히고 있다. 하지만 김정은 위원장 시기, 북한의 외교정책의 실질적 기조는 2013년 3월에 채택된 '핵 병진 노선'에 있었다. 핵·장거리 미사일 개발을 통한 핵무력 완성과 사회주의 경제체제 중심의 경제발전을 동시에 추구하겠다는 것이다. 북한의 핵 병진노선은 김정은 집권 이후 북핵의 평화적 해결을 위한 한국과 주변국들의 대화 요구와 국제적 대북 경제제재에도 불구하고 추진되었다.

김정은 집권 이후 북한의 핵무장을 위한 법적 준비도 같이 진행되었다. 2013년 4월 최고인민회의 제12기 7차 회의에서 '자위적 핵보유국 지위' 관련 법령을 최고인민회의 법령으로 채택했는데, 제1조에는 "미국의 적대시 정책과 핵위협에 대처"하기 위해 부득이하게 핵개발을 추진하였다며 그 정당성을 주장하고 있다.[2] 제2조는 대량보복 원칙을 자세하게 언급하고 있으며, 이러한 추가 조항은 적대국인 미국과 한국에 대해 대량살상을 감행하겠다는 의지의 표현으로 해석된다.

---

2 홍석훈, 「문재인 정부의 평화·통일정책:북핵 문제와 미·중관계를 중심으로 평화학연구」, 『평화학연구』 19(1)(2018), 45-68.

북한은 2016년 초 제4차 핵실험을 감행한 데에 이어, 2016년 9월에 제5차 핵실험과 함께 지속적인 중장거리 미사일 실험을 통해 북한의 핵개발은 진척을 보였다. 이에 북한은 대미관계에서 보다 공세적 전략으로 대응하였다. 김정은 위원장과 트럼프 미국 대통령은 말폭탄 경쟁을 통해 양국의 적대성을 극명하게 표현했다. 북한은 괌 타격을 공표하고 미국 및 한반도 관련국을 상대로 핵·미사일 공격을 감행할 수 있다고 엄포를 놓기도 하였다. 또한 트럼프 대통령이 지난 2017년 9월 유엔연설에서 북한 지도부의 불안정성 언급에 북한 이용호 외무상은 미국이 대북 '선전포고'를 선언했다고 주장하였고, 한반도 NLL 근처를 비행하는 미 전폭기 역시 북한이 격추할 권리가 있음을 주장하였다.[3] 이러한 외교적 행위는 북한 당국이 미국에게 물러서지 않고 강대강 전략을 주장함으로써 북미 간 일대일 관계 주장 및 군사적 자위권을 지속적으로 표현한 것이다.

북한의 공세적 핵전략은 미국의 대북 압박전략을 빌미로 미국과의 관계 속에서 전개되었는데, 북한 핵정책이 과거 수세적 정권 보호 수단에서 벗어나 공격적 군사수단으로 변화하고 있는 것으로 판단된다. 핵이 과거 북한체제 보장을 위한 안보적 수단이라는 방어적 핵전략에서 핵·장거리 미사일 능력 고도화가 가시화된 김정은 집권 시기에는 보다 진일보한 공세적 외교수단으로 발전하고 있음을 알 수 있다.[4]

3. 병진노선 추진과 정상국가 외교 추진

김정은 위원장 집권 초기부터 2017년까지 핵억지력을 기반으로 '강한 사회주의 국가'라는 체제통치이념을 내놓고 '핵개발'과 '경제건설'이라는

---

3 『중앙일보』, 2017.9.27.

4 홍석훈·나용우, 「북핵 고도화와 새로운 대북정책의 모색: 공세적 핵전략으로의 진화와 우리의 대응방안」, 『국가안보와 전략』 17(3) (2017), 참고

병진노선을 대외정책으로 채택하였다. 이는 북한이 핵개발과 강경적 대외정책 추진의 한계성을 인지한 것으로, 경제발전 없이는 정권 유지도 체제 안정도 보장받을 수 없다는 인식이 병진노선으로 이어졌다는 평가이다.

그러나, 북한은 2018년부터 대외협상 중심의 정상국가 외교정책을 추진하기 시작하였다. 이러한 김정은 시대의 외교전략은 2017년 11월 핵무력 완성 선언 이후, 2018년 평창동계올림픽을 계기로 급선회하기 시작한다. 북한은 '핵무력완성' 선언 이후 한반도 비핵화 의지를 표명하고 있다. 평양남북정상회담에서 김정은 위원장이 '9·19평양공동성명'에서의 '완전한 비핵화'를 다시한번 육성으로 언급했다. 김정은 위원장은 3차 평양남북정상회담에서 "조선반도를 핵무기도, 핵위협도 없는 평화의 땅으로 만들기 위해 적극 노력해 나아가기로 확약했다"라고 천명하고 핵전략 추구 대신 경제발전 전략이 최우선 순위라는 것을 표명하고 나서기도 했다.

이러한 협상 중심 대외전략 변화는 2018년 들어 문재인 정부의 대북대화·협력 정책과 변화된 북한의 정상국가 대외전략 추진과 맞물려 있었다. 북한은 2018년 4월 핵병진 노선에서 '경제건설'로의 전환을 공표하였다. 경제발전을 위해서는 미국을 필두로 대외관계 개선이 시급하다는 인식 때문일 것이다. 따라서 북한은 비핵화 문제를 경제발전과 연계하여 외교적 수단으로 활용하려는 의도를 보였다. 이후 3차례의 남북정상회담과 4·27판문점선언, 9·19평양공동선언 등으로 남북관계는 새로운 국면을 맞이하였다. 지난 '판문점선언'은 남북교류협력 관련 의제를 남북정상이 합의하였으며, 9·19평양공동선언과 9·19 군사합의를 통해 한반도 군사긴장 완화와 남북관계 전 분야에 걸친 남북교류협력의 기대감을 상승시키는 계기가 되었다. 또한, 북한은 남북관계 개선에 힘입어 미국과의 비핵화 협상을 재개하였고 북한 비핵화 의제는 2018년 싱가포르 '6·12

북미정상회담'을 계기로 급진전되었다. 북미 양국 정상은 이 회담을 통해 ▲완전한 비핵화 ▲평화체제 보장 ▲북미 관계 정상화 추진 ▲6·25 전쟁 전사자 유해송환 등 4개 항에 합의하였다. 그러나, 다음 해인 2019년 2월 베트남 하노이 '2차 북미정상회담'이 결렬되자 비핵화 협상은 담보 상태에 놓였다.

4. 강경적 대외정책 회귀와 선제적 핵정책 추진

2019년 하노이 북미정상회담 결렬 이후 북한의 비핵화 문제와 한반도의 평화체제 추진은 험난한 과정을 밟고 있다. 여기에 코로나19 전염병 확산으로 미중 갈등은 심화되는 가운데 북한의 국경 폐쇄와 대미 강대강 외교 추진은 남북관계 단절과 한반도 정세의 불확실성을 가중시키고 있다. 특히, 2020년 북한은 대북 전단지 살포 문제를 빌미삼아 개성 남북공동연락사무소를 폭파하는 등 대남공세를 강화하였다. 또한, 북한은 8차 당대회를 통해 대미·대남 '강대강, 선대선 원칙'을 주장하고 미국의 대북 적대시정책 철회시까지 핵무력 증강의 강수를 내세웠고 남북한 교류협력도 비본질적인 문제로 치부하고 남북관계 악화의 원인을 남측의 책임으로 돌렸다.

북한 김정은 정권은 8차 당대회 이후 신년사를 대신해서 노동당 중앙위원회 전원회의 결정으로 갈음하였다. 2021년 12월 27~31일 조선노동당 중앙위원회 제8기 제4차 전원회의를 개최하였고, 주요 의제는 ▲ "2021년도 주요 당 및 국가정책들의 집행 정형 총화(결산)와 2022년도 사업 계획에 대하여", ▲ "2021년도 국가예산 집행 정형과 2022년도 국가예산안에 대하여", ▲ "우리 나라 사회주의 농촌문제의 올바른 해결을 위한 당면과업에 대하여", ▲ "당규약의 일부 조항을 수정할 데 대하여",

▲ "당중앙지도기관 성원들의 2021년 하반년도 당조직사상 생활 정형에 대하여", ▲"조직 문제" 등을 다루었다.

북한은 8차 당대회에 거론되었던 자력갱생의 경제발전과 국방력 강화 추진의 연속 선상에서 국가정책을 추진하고 있는 것으로 판단된다. 북한이 처한 상황은 녹록치 않으며, 대외환경이 빠른 시일 내에 좋아질 수 없는 상황을 감안하여 나름대로 내치를 집중하는 모습을 전원회의에서 엿볼 수 있었다. 김정은 총비서는 당 중앙위원회 제8기 제4차 전원회의에서 "2021년은 엄혹한 난관속에서 사회주의건설의 전면적발전에로의 거창한 변화의 서막을 열어놓은 위대한 승리의 해이라는 것이 당중앙위원회가 내린 총평"이라고 발표했다는 점은 상기 내용을 반영한 것이라 판단된다.

또한, 8차 당대회에서 미국 적대시 정책에 맞선 사회주의권 대외 연합 추진을 언급했다. 북한은 미국의 적대시 정책을 명분삼아 반제국주의, 자주역량 강화를 위해 사회주의권 연대를 표명하고 있다. 특히 북한은 "하나의 운명으로 결합된" 북중관계를 강조하고 있어 북중관계 강화를 통해 경제난과 대외 고립의 난관을 극복하려는 의도를 내비쳤다. 즉, 북한은 미국의 대북 적대시 정책 철회를 요구하면서 사회주의권 연합전선 추진과 북중 협력을 통해 대미 공동대응 정책을 추진하려는 의도를 보였다. 북한과 중국은 미중 간 전략경쟁이 심화되는 상황 속에서 공동 이익을 모색해 나가겠다는 의지를 지속적으로 표명하고 있다. 이러한 가운데 2021년 9월 15일 방한 중이던 중국 외교부장은 북한의 장거리 순항미사일 시험 발사(9월 11일~12일)에 대해 "다른 나라도 군사행동을 하고 있다"라며 북한을 두둔하기도 하였다.[5] 한편, 대외 군사관계에서 북한은 불법 군사 협력과 무기 거래, 주류 수입 등 다양한 제재 위반 행위를 하고 있

5 『조선중앙통신』(2021년 9월 15일).

다는 보고도 있었다.[6] 이러한 북중 간 군사관계의 동향과 구사회주의권 군사연합의 추이를 관찰할 필요가 커지고 있다.

2022년 북한은 핵미사일 모파토리엄 파기선언을 하였고, 지난 9월 8일 최고인민회의 시정연설에서 김정은 총비서는 핵무력 법제화를 선언하고 핵무기 보유와 사용을 법제화하는 최고인민회의 법령을 채택하였다. 이는 2021년 북한 8차 당대회 이후 핵무력 강화에 방점을 두고 핵미사일 강화전략을 극대화하려는 의도로 보인다. 북한은 핵의 평화적, 방어적 사용을 주장해 왔지만 2022년 4월 김여정 부부장은 "남조선은 우리의 핵타격력의 목표"임을 밝히면서 대남 핵사용을 천명하고 나섰다. 같은 해 9월 8일 최고인민회의에서 채택된 11개항은 북한 핵사용의 구체적 조건과 원칙을 법제화하고 핵무기의 선제 사용 가능성까지 시사하면서 공세적 핵무력 정책의 강화를 선언하고 있다.

최근 북한의 핵무력 강화전략은 자신의 핵보유 사실을 기정사실화하고 핵보유국임을 국제사회로부터 인정받음으로써 김정은 정권의 체제 강화를 견인하고 대미, 대남 등 대외 안보적 압박을 통해 미국과의 평화협정 추진과 협상 테이블 유도 및 우세를 선점하려는 계산법을 염두해 둔 것이다. 북한의 핵·전략 무기 발전을 통한 국방력 강화는 동북아 안보 불안을 조성하여 국제사회의 대북제재와 협력을 와해시키고 외교적 수단으로 활용할 의도로 파악된다.

---

6 https://www.securitycouncilreport.org/un-documents/dprk-north-korea/

Ⅲ. 북한의 대남정책과 우리 정부의 대응

1. 대남 강경정책 추진과 군사적 대결

북한의 대남정책은 2019년 2월 하노이 북미정상회담 결렬 이후 '선미후남(先美後南)'의 대남정책으로 선회하였다. 북한은 북미 간 비핵화 협상에 주력하면서 남한 정부와는 일정 거리를 두는 행보를 보였다. 지난 2020년 북한의 대남 강경조치들은 연락사무소 인원의 철수, 대북전단 살포에 대한 문제제기, 남북연락채널 차단 등으로 이어졌고, 급기야 남북공동연락사무소 폭파를 통해 절정으로 치달았다. 이후 북한은 군 총참모부가 제기한 대남 군사행동계획을 실천해 나갈 것을 예고했다.

북한은 2019년 제7기 제5차 당 중앙위원회 전원회의를 통해 김정은 국무위원장이 공언했던 '새로운 길'의 윤곽을 공개했다. 핵심 키워드는 '정면돌파'였다. 정면돌파는 두 개의 기둥을 축으로 삼았다. 하나는 전략무기 지속개발, 다른 하나는 자력갱생이다. 이는 미국과의 교착상태가 장기성을 가질 수밖에 없어 군사적 억제력과 내부적 힘 강화를 통해 응집력을 키우겠다는 의도로 파악된다. 지난 제8차 당대회에서 '국방력 강화'를 주문했다. 당 규약에 '공화국 무력'의 지속적 강화를 명문화하여 이를 국정 운영의 중심임을 천명하고, 핵무력 고도화를 중심으로 대외 강압정책을 시사했다. 핵기술 고도화, 핵잠수함, 군사정찰위성, 극초음속활공비행전투부 개발 도입 등, 북한의 '국방력 강화' 비전 제시는 불확실한 대외관계를 견지하면서 강대강의 공세적 대외정책 입장을 표출한 것이었다. 즉, 북한은 8차 당대회 사업총화보고를 통해 대미 '강대강, 선대선 원칙'을 주장하고, 대북 적대시정책 철회 시까지 핵무력 증강의 강수를 내세웠다.

또한, 제8차 당대회에서 북한은 지난 5개년 경제계획의 성과가 미진하였음을 인정했다. 지난 제8차 당대회는 장기적 관점에서 대북제재, 코로나19 확산, 자연재해 등 3중고로 가중된 경제적 난관의 위기관리 극복 방안을 고심한 것으로 파악된다. 북한은 대외적 고립과 경제난 극복을 위한 자력갱생의 접근 방안으로 당조직 개편과 국방력 강화를 중심으로 한 정면돌파전을 제시하였다. 이러한 접근방식은 현상유지를 위해 구체적 방안을 제시하기보다는 당적 쇄신을 통한 당조직 강화와 주민들을 다잡는 '견디기' 정책의 성격이라고 할 수 있을 것이다. 북한은 제8차 당대회에서 정무국을 폐지하고 비서국을 부활시켰다. 특히, 당은 김정은 위원장을 총비서로 추대함으로써 '김정은 유일체제' 강화와 이를 통한 제2기 집권체제 출범을 공식화했다.

북한은 대남정책과 관련하여 당기관지인 노동신문을 통해 노동당 중앙위 제8기 제4차 전원회의에서 "북남관계와 대외사업 부문에서 견지하여야 할 원칙적 문제들과 일련의 전술적 방향들을 제시했다"고 보도하였으나 구체적 내용은 공개하지 않았다. 이는 상당한 기간 동안 관망하면서 내부 체제 단속과 자력갱생을 통한 체제유지에 중점을 둘 것을 예고하는 것이었다. 북한의 대남정책 변화에 대한 정확한 판단이 어려운 상황 아래 8차 당대회에서 개정된 당규약이 공개되었다. 개정된 당규약은 조선노동당의 당면목적에서 전국적 범위에서 '민족해방민주주의혁명'을 수행한다는 내용을 삭제하고, '사회의 자주적이며 민주주의적인 발전'을 실현하겠다고 수정했다. 조선노동당의 당면목적은 남조선혁명을 규정하는 조항이므로 북한 정권이 남조선혁명론을 폐기했는가에 대한 의문을 파생시켰다. 남조선 혁명론을 규정하는 조선노동당의 당면목적을 수정한 것으로 향후 북한 김정은 정권의 대남전략과 대남정책에 중대한 영향을 미칠 것으로 예상된다. 다만, 대남혁명론에 대한 본질의 근본적 수정인지는 구체적 분석과 대남정책 실행 과정에서 면밀한 관찰이 필요할 것이다.

종합하자면 북한은 중장기적 측면에서 대남 강경조치들을 통해 한반도 문제의 당사자로 자리매김하고 남한 정부가 한미동맹에 의존하지 않도록 유도하려는 의도로 해석된다. 대남 압박을 통해 남북 협상 테이블의 우위를 선점하면서, 남북합의 이행에 남한 정부가 적극적인 태도와 정책을 추진하도록 '견인' 정책을 추진하는 것으로 파악된다. 즉, 북한은 한미동맹과 연합방위 체제를 해체하기 위해 한미군사훈련 중지, 남한에 전략무기 반입 및 개발 금지, 주한미군 철수 등을 요구하며 한반도 평화체제 구축의 전제조건을 제시하고 이를 강요하고 있다. 이러한 북한의 국방력 강화정책은 8차 당대회에서 결의한 것으로, 그 연장 선상에서 올해 초 김정은이 참석한 노동당 중앙위원회 제8기 제6차 정치국 회의에서 북한은 "우리가 선결적으로, 주동적으로 취했던 신뢰구축조치들을 전면 재고하고 잠정 중지했던 모든 활동들을 재가동하는 문제를 신속히 검토해볼 데 대한 지시를 해당 부문에 포치했다"고 전했다(조선중앙방송 2022.1.20.). 북한은 지난 신형전술유도무기 시험을 감행하면서 전술핵무기 운용 문제와 핵무기 사용을 언급함으로써 안보적 위협의 메세지를 전달하고 있다.[7] 이는 북한이 국방력 강화를 정책적 우선순위로 내세우면서 대남·대미 군사적 압박을 추진할 것임을 시사한 것이다.

7 김정은 연설과 김여정 담화 등을 통해 대외 강경메세지 전달("경애하는 김정은동지께서 신형전술유도무기시험발사를 참관하시였다," 『로동신문』(2022. 4. 17); "김여정 조선로동당 중앙위원회 부부장 담화," 『로동신문』(2022. 4. 5); "조선인민혁명군창건 90돐 경축 열병식에서 하신 경애하는 김정은 동지의 연설," 『로동신문』(2022. 4. 26).)

〈표 1〉 2020~2021년 북한의 전략무기 발사 현황

일자		무기 체계	특징
2020년	3월 2일	초대형 방사포(KN-25) 발사	
	3월 21일	북한판 에이태큼스(KN-24) 발사	
	3월 29일	초대형 방사포(KN-25) 발사	
2021년	1월 22일	순항미사일	
	3월 21일	순항미사일	
	3월 25일	'개량형' 이스칸데르(KN-23) 미사일 발사	
	9월11일·12일	신형 장거리 순항미사일	북한판 토마호크
	9월 15일	이스칸데르 미사일(KN-23) 발사	철도기동미사일연대
	9월 28일	극초음속미사일(화성-8형) 발사	
	9월 30일	신형 지대공 미사일 발사	

출처: 『조선중앙통신』(2020-2021년).; 국내외 언론 보도(2020-2021년) 등

〈표 2〉 2022년 북한 한미훈련 기간 도발 일지

시기	한미 군사훈련 내용	북한 대응
9월말	한미, 한·미·일 합동 해상훈련	탄도미사일 발사
10월13일	주한미군 완충구역 이남 사격훈련	포병 사격
11월 2일	한미 연합공중훈련 사흘째	NLL이남 미사일 발사

출처: 저자 작성

2022년 일련의 미사일시험발사는 북한의 핵미사일 강화전략을 극대화하려는 의도로 파악되며, 북한의 7차 핵실험 준비는 대미, 대남관계 개선 의지보다는 자력갱생의 폐쇄적 대외정책을 마련하고 있음을 시사한다. 이러한 북한의 군사력 강화 우선 정책은 미중 간 갈등과 코로나19 팬데믹의 장기화, 남북관계 단절 등을 고려하여 대화와 협상정책 보다는 자국의 군사력 강화를 통한 자력갱생 정책에 집중하고 있음을 알 수 있다.

특히 2021년부터 선보인 북한의 극초음속미사일 개발과 장단거리 미사일 고도화 등은 한국과 미국의 미사일방어체계에 커다란 도전이 될 것으로 평가된다.

이러한 북한의 '군사력 강화' 정책을 통한 대남 강경정책 추진은 우리 정부의 대북정책에 어떠한 영향을 미칠 것인지 고민하게 만든다. 북미 간 비핵화 협상 재가동과 남북대화 재개를 위해 북한이 주장하는 근본적 문제 해결의 전제조건을 우리 정부가 수용할 수 있는지, 북한 비핵화의 등가성에 견줄만한 보상책과 압박책은 무엇인지 논의되어야 할 것이다.

〈표 3〉 세계 핵무기 현황(기준, 2022년 1월)

Country	Deployed warheads[a]	Stored warheads[b]	Total stockpile[b]	Total inventory 2022[b]	Total inventory 2021[b]
United States	1 744	1 964	3 708	5 428	5 550
Russia	1 588	2 889	4 477	5 977	6 255
United Kingdom	120[e]	60[f]	180[f]	225[f]	225
France	280	10	290	290	290
China		350[g]	350[g]	350[g]	350
India		160	160	160	156
Pakistan		165	165	165	165
Israel		90	90	90	90
North Korea		20[h]	20[h]	20[h]	[40–50][h]
Total	3 732	5 708	9 440	12 705	13 080

출처: SPIRI Yearbook 2022[8]

8 https://sipri.org/media/press-release/2022/global-nuclear-arsenals-are-expected-grow-states-continue-modernize-new-sipri-yearbook-out-now (검색일: 2022년 10월 15일)

2. 윤석열 정부의 담대한 구상

윤석열 대통령은 취임사에서(2022년 5월 10일) 국정 목표 중 '자유, 평화, 번영에 기여하는 글로벌 중추국가' 비전을 발표하며 대북정책으로 '담대한 구상'을 언급하며 '남북관계를 정상화하고, 평화의 한반도', '원칙과 일관성'을 바탕으로 한미 간 긴밀한 조율을 추진할 것을 표명하였다. 윤대통령은 대북정책의 최종목표로 '북한의 완전하게 검증가능한 비핵화를 통해 한반도에 지속 가능한 평화를 구현'할 것임을 강조하였다.

지난 광복절 경축사(2022년 8월 15일)에서 '담대한 구상'의 구체적 대북정책을 제시하였는데, '북한이 핵 개발을 중단하고 실질적인 비핵화로 전환한다면, 그 단계에 맞춰 북한경제와 민생을 획기적으로 개선할 수 있도록 지원'할 것임을 선언하였다. 2022년 11월 21일에는 '비핵 평화 번영의 한반도'라는 제목으로 윤석열 정부의 통일·대북정책 설명 자료를 배포하였고, '담대한 구상'의 구체적인 정책 비전을 제시하였다. 담대한 구상은 북한이 진정성을 갖고 비핵화 협상에 복귀한다면, 북한의 민생 개선과 남북 간 신뢰 조성을 위한 초기 조치를 과감하게 추진함으로써 남북 협상 동력을 마련한다는 것이다.

물론 북한이 비핵화에 복귀한다는 전제조건이 있으나 과감한 대북 경제지원과 협력을 통한 북한 관여정책을 제시했다는데 이의가 있을 것이다. 하지만 김정은 위원장은 2022년 7월 북한 전승절 기념 연설에서 윤석열 정부를 비난했으며, 김여정 부부장은 8월 19일 담화를 통해 남한 정부의 대북정책을 '어리석음의 극치'라고 폄하하고 사실상 대남 단절을 발표했다. 또한, 9월 8일 북한의 핵무기 보유와 사용에 대한 법제화 추진은 북한 비핵화 협상이 사실상 큰 진전을 보기 힘든 상황으로 전개되고 있다는 것을 보여주고 있다. 우리 정부의 '담대한 구상' 대북정책 추진에 대한 북한의 반응은 매우 실망스럽다.

북한의 대남 대화 단절과 북핵의 대남 사용 가능성 및 전략무기 발전은 남한이 북핵 안보위기의 당사자로서의 북한 비핵화 협상을 주도하고 대응할 필요성을 제기한다. 결국, 지속 가능한 대북정책 로드맵을 작성하기 위해서는 향후 남북관계 쟁점 사항으로 핵무력을 강화하는 북한과 어떻게 남북관계를 개선할 것인가를 고민해야 하고, 북한 비핵화 과정과 핵폐기를 유도할 수 있는 구체적 전략을 마련해야 할 것이다. 남북관계가 경색된 상황이지만 대북 인도적 지원과 경협, 북한인권문제 등 남북관계에서 풀어나가야 할 쟁점 사항들을 꼼꼼하게 점검해야 할 시점이다. 즉, 우리 정부의 지속 가능한 대북정책과 한반도 통일준비 방안을 마련하기 위해서는 국내적 진영 논리를 벗어나 탈이념적, 실리적 정책이 고려되어야 할 것이다.

Ⅳ. 나가며: 지속 가능한 대북정책 모색

한반도 평화를 구축하기 위해서는 역내 국가들과의 협력과 남북관계 개선이 시급하다. 먼저 우리 정부는 지속가능한 대북정책의 추진이 필요하다. 이를 위해 남북교류협력을 위한 탈이념적 아젠더 발굴 및 다자협력이 필요하다. 또한, 북한 핵문제와 인도협력, 경제협력, 사회교류를 나누어 추진하는 투트랙 전략도 제시되어야 할 것이다. 여기에, 지속 가능한 남북경협과 교류를 추진하기 위해서는 대북 트리플넥서스 논의에도 주목해야 한다.[9]

9 대북 트리플넥서스(triple nexus) 접근법: 인도적 지원, 개발, 평화 활동가 간의 비교우위(comparative advantage)를 최대한 활용하여 각자의 활동 방식 및 재원조

이와 함께 평화 지속화 개념은 UN을 비롯한 국제사회가 추구하는 평화개념이라는 점에서 단순히 분쟁 중단 및 종식 등 군사적 차원에서의 안보강화라는 소극적 평화가 아니라 분쟁과 관련한 잠재적 갈등요인 및 구조적 불평등을 해소해 나감으로써 근원적 분쟁 요인을 해소하는 것이다. 트리플 넥서스를 바탕으로 남북한 인도협력 방안을 고려할 때 행위자별(국가, 비국가, 국제기구 등), 과제별, 영역별 등 통합적 원칙과 전략을 통한 구체적 사업이 진행되어야 하고, 인도적 지원을 통해서 사회구성원 간의 화해와 신뢰구축을 쌓아 나가면서 개발협력을 통한 민생협력사업으로 확대되어야 한다. 한반도 평화구축과 관련하여 북한 내부의 인권증진과 민주주의 발전을 위한 거버넌스 구축과 같은 제도적 접근법 모색이 필요하다. 특히 남북경협과 대북 인도적 지원에 대한 국민인식은 긍정적이며 향후 우리 정부의 대북정책 수립, 추진 시에 고려되어야 할 것이다.

대북개발협력의 지속 가능성을 위해 유엔의 지속가능발전목표(Sustainable Development Goals, 이하 SDGs)를 활용할 수 있다. 북한은 VNR(Voluntary National Review, 2012년 7월) 발표를 통해 환경과 기후변화-해양생태계(SDGs 14), 육상생태계(SDGs 15), 기후변화(SDGs 13) 목표 달성을 중점 추진, 유엔 기후변화협약의 이행 노력을 강조하고 있어 추후 정책 고려에 포함시킬 수 있다. 또한, 과거 한국 정부가 지속적으로 추진해 왔던 'DMZ 공동 활용방안,' '그린데탕트' 등 글로벌 이슈가 되는 기후변화, 보건협력, 산림, 농수자원 협력 등을 재추진하고 남북한과 글로벌 NGOs와 국제기구의 연계를 통한 다자적 접근법이 고려될 수 있다.

무엇보다 지속 가능한 대북 통일정책 추진을 위해서는 '통일거버넌스'가 필요하다. 즉, 민주주의, 인권 등 인류보편적 아젠다의 원칙을 만들고

달 방식을 상호 조율하여 개별 활동 간의 분절성 및 리스크를 줄이고 효과적인 취약성 해소를 위한 공동의 성과(collective outcome)를 달성하기 위한 협력방식.

지속적인 남북교류와 협력을 위해 거버넌스 중심의 민간 주도 방식이 필요하다. 과거 통일준비위원회와 남북교류협력위원회와 같은 통일거버넌스 구축을 통해 남북교류협력을 기획하고 추진한다면 지속 가능한 대북정책이 수립될 수 있을 것이다. 물론 국제사회의 대북제재가 유지되고 있지만, 북한 비핵화 수준에 따라 남북경협 확대로 공동이익 극대화(남북공동경제발전계획 추진)도 가능하다. 지난 문 정부의 통일국민협약 추진(한반도통일비전포럼) 등이 윤 정부가 계승 가능하며 민화협 등 기존의 인적자산을 포용하여 확대 발전시킬 필요성이 제기된다. 결국, 지속가능한 대북정책이 추진되기 위해서는 우리 사회 내, 남남갈등 해소를 위한 사회통합 정책이 추진되어야 한다. 남한 사회에서 남북분단으로 인한 사회적 갈등을 치유하고 MZ세대를 포함하는 세대 통합교육 및 통일인식 함양 등이 요구되며 이념적 갈등을 해소하기 위한 국민통합정책 추진이 필요하다.

제5장

대북제재, 코로나19 팬데믹과 북한경제

최 지 영

통일연구원 연구위원

Ⅰ. 멀어진 경제강국 건설의 꿈, 2022년 북한경제

2021년 북한연구 전반에서는 김정은 위원장 집권 10년에 대한 평가들이 쏟아졌다. 2012년 초 권력을 승계한 젊은 북한의 지도자에 대한 외부 세계의 시선들 속에는 호기심과 우려가 가득했던 것으로 기억한다. 유례를 찾기 어려운 3대 세습, 젊은 지도자의 권력이 안정적일 것인가? 그의 통치하에서 북한은 어떤 길을 걸을 것인가에 관심이 집중되었다. 젊은 지도자는 집권 초기 과감한 경제개혁과 수출 확대를 꾀하며, 경제문제 해결에 집중했다. 선대가 이룬 정치사상강국, 군사강국에 이어, 경제강국을 건설하겠다는 야심찬 목표도 제시했다. 1990년대 중반 심각한 식량위기까지 경험한 북한 주민들에게, 경제강국을 건설하겠다는 의지를 밝힌 북한의 젊은 지도자는 어떻게 비쳤을까? 3대를 세습한 권력은 그 불안정성을 해소하고, 북한 주민들의 지지를 받기 위해서라도 경제문제를 해결하는 데 전력을 쏟았을 수밖에 없었을 것으로 보인다.

김정은 집권을 전후로, 북한은 지하자원 수출을 큰 폭으로 확대하여, 연 10억 달러에 달하는 무연탄을 중국에 수출하여 외화를 벌어들였다. 무역규모는 연 60~70억 달러 규모로 2000년대 대비 두 배 이상 증가하였다. 김정은 집권 전반부에 해당하는 2012~2016년 북한의 경제여건은 눈에 띄게 개선된 것으로 보였다. 한국은행 경제성장률 추정치의 과소평가 논란이 불거지기도 했다. 수출로 얻은 외화로 중간재와 자본재 수입을 늘려갔으며, 예전에 비해 실용적인 산업정책이 시도되었다. 경공업 국산화 정책으로 국산 소비재가 증가하여 북한의 장마당에 가득했던 중국산 소비재들을 대체하였고, 미래과학자거리, 여명거리, 창전거리 등 대규모 건설사업으로 경기를 부양하였다. 김정일 집권기에 비해 눈에 띄게 경제여건이 개선된 배경에는 무역 확대 이외에 '우리식경제관리방법'이라는 북한식 경제개혁도 있었다. 중국, 베트남과 같이 사적 소유를 인정하고, 협동농장을 해체하는 본격적인 개혁 노선이라고 보기는 어렵지만, 국가가 관여하는 계획 지표를 축소하고 생산단위의 자율성을 확대했으며, 시장에 대한 통제와 개입을 완화하는 정책을 시도했다. 물론, 이러한 정책들이 김정은 집권기에 처음 시도된 것은 아니었다. 최초의 북한식 경제개혁으로 알려진 7·1 조치는 김정일 집권기인 2002년에 시작되었으며, 당시 북한도 중국과 같은 개혁개방의 길로 나아가는가에 대해 외부세계의 관심이 집중되기도 했다. 그러나, 7·1 조치는 정책 설계의 구체성이 다소 떨어져, 경제주체들의 이해관계, 특히 국가와 기업간 이해관계가 상충되는 측면이 있었다. 따라서, 2000년대 초반, 김정일이 강조했던 '신사고'에 기반한 경제정책은 일관되게 추진되지 못했다. 북한당국은 2000년대 개혁과 반개혁을 반복했고, 반개혁의 정점은 2009년 화폐개혁이었다. 실패한 경제정책으로 북한주민들은 외화를 더 신뢰하게 되었고, 북한원화의 가치는 폭락했다. 김정은 위원장이 집권한 시기는 화폐개혁 실패에 따른 인플레이션이 지속되었던 시점이었다. 김정은 집권 이후 시도된 북한의 경제개혁은 김정일 집권기에 비해 변화의 범위와 깊이가 확대되었을 뿐만 아니라, 정책 일관성이 유지되었다. 배급제 복구를 시도하거나, 시장을 폐쇄하거나, 갑작스러운 화폐개혁과 같은 무리한 정책이 시도되지 않았다. 불확실성이 줄어들고, 일관된 정책이 추진되자, 물가는 안정되기 시작했으며 거래가 활성화되었다.

이와 같이, 김정은 집권 초기 일련의 경제정책들은 경제발전과 경제관리 측면에서 김정일 집권기에 비해 진일보하였고, 이는 성장과 물가, 거시경제 지표의 개선으로 바로 나타났다. 김정은 집권 초기 외부세계의 우려와 달리, 북한 주민들의 젊은 지도자에 대한 지지가 증가한 데에는 양호한 경제여건의 기여도 있었을 것이다.[1] 김정은 집권 이후 가장 높은 경제성장률을 기록한 2016년 북한은 핵실험, ICBM 도발을 시작하였으며, 2016~2017년 유엔 안보리의 대북제재가 연이어 강화되었다. 북한은 대북제재에는 아랑곳없이, 2018년 남북정상회담 직전, "사회주의경제건설총력노선"으로의 전환을 선언했다. 핵무력이 이미 완성되었기 때문에, 이제는 경제건설에 매진하겠다는 것이다. 그러나, 한반도의 봄은 짧았고, 2019년 하노이 협상이 결렬됨으로써, 북한은 '새로운 길'로 접어들 수밖에 없었다. 2020년부터 북한은 신년사를 발표하지 않았다. 2019년 신년사에서 "아무런 전제조건이나 대가없이 개성공업지구와 금강산관광을 재개할 용의가 있"다고 밝힌 지 일 년 만에 상황은 급변하였다. 2020년부터는 12월말 개최되는 전원회의 결과를 발표하는 것으로 신년사를 대체하였다. 북한은 전원회의 결과 발표에서 "경제건설에 유리한 대외적 환경이 절실히 필요한 것은 사실이지만 결코 화려한 변신을 바라며 지금껏 목숨처럼 지켜온 존엄을 팔수는 없"다고 토로했다. 2018~2019년 짧았던 한반도의 화해 무드속에서 북한이 어떤 "셈법"을 가지고 있었는지 알기 어렵다. "경제건설에 유리한 대외적 환경"을 만들려는 의지가 그 "셈법"속에 있었을까? 그래서 "사회주의경제건설총력노선"으로 선제적으로 전환했던 것일까? 어쨌든, 북한은 2020년부터 국제사회의 강력한 제재가 지속되는 가운데 "경제건설에 유리한 대외적 환경"을 포기하고, "제재와 자력갱생의 대결"이라는 "새로운 길"로 접어들었다. 경제강국의 꿈은 멀어졌다. 2021년 젊은 지도자는 "고난의 행군"을 언급했고, 북한의 무역

---

1 김정은에 대한 평균 지지도는 집권 이후 10년 평균 63.7%였다. 지지율 추세는 집권 이후 전반적으로 상승 흐름을 보였으며, 2018년 73.4%로 정점을 찍은 후 2019~2020년 하락하는 양상이다. 서울대 통일평화연구원, 『김정은 집권 10년 북한주민들의 통일의식』(2022), p.120.

의존도는 1990년대 중반보다 더 낮아졌다. 북한이 삼중고, 대북제재, 코로나19, 자연재해에 직면했다는 우려가 커졌고, 북한에 대한 논의에서 단골 소재로 등장하는 "붕괴 가능성"이 언급되기 시작했다. 2022년 북한경제는 지금 어떠한 상황에 처했을까? 첫 번째 충격이라고 할 수 있는, 유엔 안보리 대북제재가 강화되기 시작한 2016년으로 거슬러 올라가 보자.

Ⅱ. 대북제재 강화 직후 북한경제

1. 유엔 안보리 대북제재 : 1차 무역충격의 경제적 영향

북한당국도 핵·미사일 실험 이후 국제사회의 제재를 예상했을 것이다. 북한의 4차 핵실험이 이루어진 지 57일 만에, 중국과 러시아를 포함한 유엔 안보리 15개 이사국 만장일치로 채택된 대북제재 결의 2270호는 당시 70년 유엔 역사에서 전례를 찾기 어려울 정도라는 평가를 받았다. 역사상 유례없이 강력하다는 제재 결의안이 채택되었음에도 불구하고, 2017년까지 북한은 네 차례 더 핵·미사일 실험을 감행했고, 이에 상응하여 더 강화된 대북제재 결의안이 채택되었다. 2016~2017년 다섯 번의 대북제재 결의안은 북한 수출의 90%를 차단하고 있고, 원유와 정제유 수입의 상한을 부과하고 있으며, 북한의 자본재 수입을 차단하고 있다. 제재의 효과는 곧바로 북한의 무역과 경제성장률 하락으로 나타났다. 2017~2019년 북한의 수출과 수입은 각각 90%, 30% 가량 급감했다. 북한 수출의 절반 정도를 차지하던 무연탄 수출이 전면 중단되며 광업 부문의 생산이 급감했고, 철강 수출과 자본재 수입이 중단되며 중공업 부문의 생산도 급감했다. 광업과 중공업 부문의 성장률이 10% 이상 하락하면서,

전체 경제성장률을 끌어내렸다. 김정은 집권 초기 소폭의 경제성장을 기록했던 북한경제는 하락세로 전환했다.

대북제재 강화 이후 북한경제에 대한 외부세계의 관심사는 크게 두 가지라고 할 수 있다. '1990년대만큼 어려운가?'와 '북한이 언제까지 버틸 수 있을 것인가?'이다. 1990년대 초반 구사회주의권 붕괴로 북한은 무역파트너를 잃었다. 중공업 비중이 높았던 북한경제는 소련의 원유, 코크스, 자본재 공급이 중단되면서 급격하게 무너지기 시작했다. 제조업의 가동률이 저하되면서, 계획경제 전반의 연쇄적 실패가 확산되었다. 위기는 농업 부문에도 확산되었다. 비료의 생산과 수입이 감소하고, 자연재해까지 중첩되면서 곡물 생산량이 급감했다. 이와 같이, 우리가 기억하고 있는 북한 식량난의 시작은 '무역충격'에서 시작되었다. 지금의 무역충격은 1990년대 초반 북한이 경험한 것보다 훨씬 강력하다. 1990년대 초반 북한의 무역규모는 50% 감소했지만, 대북제재 강화 이후인 지금은 약 90% 감소했다.[2] 1990년대 북한은 무역충격이 시작된 지 5년여 만에, 식량위기로 접어들었다. 지금은 어떠한가? 체제생존이 식량문제에 달려있다는 것을 북한당국도 잘 알고 있다. 김정은 위원장은 2021년말 전원회의(노동당 중앙위원회 8기 4차 전원회의)에서 "새로운 사회주의 농촌 건설 강령"을 밝혔고, 2022년 국가예산 계획에서 농업 부문에 대한 예산지출을 대폭 확대했다고 밝혔다. 북한이 만성적인 식량부족 국가이며, 2022년 국내곡물생산량이 전년대비 3.6% 감소하였다. 그러나 1990년대 중반과 같은 대규모 식량위기 발생 가능성은 높지 않다는 점에서 1990년대 중반

2 1995년 북한의 무역액은 20.5억달러로 1990년(41.7억달러) 대비 50.8% 감소하였다. 2021년 북한의 무역액은 7.1억달러로 2016년(65.3억달러) 대비 89.1% 감소했다. 물론, 2021년 북한의 무역은 대북제재 강화의 충격 뿐만 아니라 코로나19 팬데믹에 따른 국경봉쇄에 의한 영향이 반영된 것이다. 한국은행 경제통계시스템(검색일: 2022년 12월 18일)

과 같은 경제위기에 봉착했다고 보기는 어렵다. 전례없이 강력한 경제제재, 전 세계를 휩쓴 코로나19 팬데믹 속에서 북한당국은 언제까지 버틸 수 있을까? 이에 대한 대답은 연쇄적 위기에 북한당국이 어떻게 대처하고 있는지를 살펴봄으로써 찾을 수 있을지 모른다.

2. 북한의 정책대응

경제제재는 북한이 핵·미사일 실험을 감행하면서, 예상했던 시나리오 가운데 하나였을 것이다. 북한은 스스로 늘 경제제재 속에서 살아왔다고 말한다. 대북 경제제재의 역사는 매우 오래되었다. 북한은 한국전쟁 직후부터 미국 적성국교역법의 적용을 받았으며, 1988년에는 테러지원국으로 지정되었다.[3] 이외에도, 바세나르 협약에 따라 북한에 대한 수출은 엄격하게 통제되었다. 2006년 북한의 1차 핵실험 이후 국제사회의 대북제재는 더욱 촘촘해졌다. 유엔안보리 대북제재 결의안이 채택되기 시작했으며, 구사회주의권 붕괴 이후 북한의 주요 무역상대국이었던 한국과 일본의 단독 제재도 강화되었다. 1990년대 북한의 무역규모가 절반 가까이 축소된 이후, 동북아시아 주변국인 한국, 일본, 중국은 북한의 주요 무역대상국이었다. 세계경제와의 연관성이 1990년대 초반 1차적으로 끊어졌다면, 2006년 1차 핵실험 이후에는 동북아시아 주변국과의 경제적 연관성이 2차적으로 끊어지기 시작했다. 2006년에는 일본이, 2010년에는 한국이 단독제재를 시작하였기 때문이다. 이제 북한과 유의미한 경제적 연계를 맺고 있는 유일한 국가는 중국이다. 러시아가 제2의 교역국이기는 하지만, 전체 무역의 5% 내외를 차지하는 정도이기 때문이다. 따라서, 2016~2017년 강화된 유엔 안보리 대북제재는 중국의 제재 준수를 무엇

3 2008년 테러지원국에서 해제되었으나 2017년 다시 재지정되었다.

보다 강조하고 있다.

북한당국도 국제사회의 경제제재가 핵·미사일 개발로 흘러들어가는 외화소득을 차단하는 데 맞춰질 것이고, 이에 따라 수출과 수입이 연쇄적으로 감소할 것을 예상했을 것이다. 김정은 집권 초기 경제정책들을 돌아보자. 당시 전체 무역액이 급증하면서 북한의 대외의존도가 큰 폭으로 증가하였지만, 자립적 경제건설노선 자체는 변하지 않았고, 제재 강화에 대비하기 위한 것으로 보이는 일련의 산업정책들도 추진되었다. 즉, 수입이 축소되더라도 국민경제가 원활하게 작동하기 위한 경제정책들이 김정은 집권 초기부터 제한적이나마 이루어진 것으로 보인다. 선행연구에 따르면, 김정은 집권 초기 북한은 중화학 공업 부문에 대한 신규 투자를 줄이면서, 에너지, 농업과 수산업, 경공업, 과학기술, 건설에 대한 투자를 상대적으로 확대하였다. 중화학 공업에 대해서는 북한이 스스로 '자립경제의 두 기둥'이라고 부르는 금속, 화학 소재 공급 확대에 중점을 두었다. 에너지 부문의 대규모 신규투자는 수력발전이나 화력발전 개보수에 집중되었다.[4] 이러한 산업정책들은 모두 국민경제의 자립적 성격을 강화하려는 조치들이다. 농업과 수산업은 식량문제와 직결되며, 경공업과 건설은 주민생활에 직접적으로 영향을 미친다. 제한적이지만, 경공업 부문에서는 중국으로부터 최종 소비재를 수입하는 방식 대신, 중간재를 수입하여 최종재를 생산하거나, 국산 중간재를 활용하는 국산화 정책에 역점을 두었다. 자본재 생산을 국산화하려는 노력도 제한적이지만 추진되었다. 물론, 김정은 집권 초기에 시도된 이러한 산업정책들이 소기의 성과를 그대로 거두었다고 보기는 어렵다. 금속·화학 공업의 성과는 여전히 미진하며, 에너지와 식량 부족 문제도 해소되었다고 보기 어렵다. 경공업 국산화 정책

4 이석기, 「김정은 시대 북한의 산업」, 『한반도포커스』, 제41호(2017), pp. 21-28.

을 추진하였지만, 여전히 수입중간재에 대한 의존도가 높고, 자본재의 국내 생산도 미흡한 실정이다. 그럼에도 불구하고, 김정은 집권 초기 북한의 실용적인 산업정책은 제재의 충격을 다소 상쇄하는 데 영향을 미쳤을 것으로 보인다.

대북제재 강화 이후 북한당국의 대응은 2019년 하노이 회담 실패 이전과 이후로 구분된다. 2017~2019년에는 수출액이 급감하였음에도 불구하고, 기존 수입의 70%를 유지하였다. 오히려, 농업과 경공업 부문의 중간재 수입을 제재 이전에 비해 확대시키기도 했다. 따라서, 제재의 직접적인 영향을 받지 않는 산업들의 생산실적은 크게 악화되지 않았다. 제재의 영향력이 제한적임을 대외적으로 과시함으로써, 핵협상 과정에서 우위를 점하려고 했던 것일까? 2018년 북한 사회과학원 리기성 교수는 교도통신과의 인터뷰를 통해 한국은행 추정과 달리, 2017년 북한의 경제성장률이 +3.7%라고 주장하기도 했다.[5] 물론, 당시 북한당국의 대응은 합리적으로 보기는 어려웠다. 수출이 감소한 만큼 수입을 줄이지 않아, 무역수지 적자가 확대되었기 때문이다. 대북제재 강화 직후의 대응은 지속가능하다고 볼 수 없었다. 2019년 하노이 회담이 합의 도출에 실패하면서, 북한당국이 가졌던 '낙관적 시나리오'의 실현가능성은 낮아졌다. 2019년말 전원회의를 기점으로 북한당국의 경제정책은 제재 장기화 상황에서 경제적 어려움이 체제생존을 위협하지 않는 데 초점을 맞추고 있다. 새로운 경제정책들은 2020년부터 가시화되기 시작했으나, 초기에는 좌충우돌하는 모습을 보였다. 물론, 이러한 혼란스러운 대응은 북한당국도 예상하지 못했던, 아니 그 누구도 예상하기 어려웠던, 코로나19라는 전세계적 보건위기가 확산되었기 때문이다.

---

5 "북 GDP, 지난해 307억 달러로 3.7% 성장…北싱크탱크, 뉴시스, 2018.10.14.일. (검색일: 2022년 12월 18일)

Ⅲ. 코로나19 팬데믹 이후의 북한경제

1. 코로나19 팬데믹: 2차 무역충격의 경제적 영향

코로나19 팬데믹 직후 각국 정부들은 '경제'와 '방역' 가운데 무엇을 선택해야 할지를 두고 골머리를 앓았다. 경제적 충격을 무릅쓰고, 국경을 봉쇄할 것인가? 자영업자들의 영업을 중단시킬 것인가? 경제활동을 중단시키고 '사회적 거리두기'를 강제할 것인가? 이것은 모두 '경제'와 '방역'을 어느 수준에서 조화시킬 것인가에 대한 선택이었다. 경험한 적 없는 신종 바이러스였기 때문에, 각국 정부는 경제적 어려움을 무릅쓰고 방역을 강화하였다. 국경이동을 통제하고, 경제활동을 제한하였다. 우리는 사람과 물자가 자유롭게 국경을 넘을 수 없을 때, '글로벌 밸류체인'으로 촘촘히 얽힌 세계경제가 어떻게 마비되는가를 짧은 시간내 목도했다. 코로나19 팬데믹은 국경없는 생산기지와 노동력의 자유로운 이동이 이끌어가던 세계경제를 멈춰 세웠다.

북한은 다른 어떤 국가보다도 강력한 '방역'을 선택했다. 오랜 경제제재로 인해 세계경제와 연계가 거의 끊어진 북한에게 '글로벌 밸류체인'은 큰 의미가 없었기 때문일 수도 있다. 2020년 1월말 북한은 다른 어떤 나라들보다 빨리 국제선 항공 운항을 중단시켰고, 국경을 봉쇄했다. 그리고, 북한의 국경봉쇄는 애초의 예상보다 훨씬 오래 이어졌다. 대북제재 강화가 1차 무역충격이라면, 코로나19 국경봉쇄는 2차 무역충격에 해당한다. 1차 무역충격은 수출충격이었고, 2차 무역충격은 수입충격이라고 할 수 있다. 2019년까지 무역수지 적자가 우려될 만큼 수입을 지속하던 북한은 2020년초 국경봉쇄를 강화한 이후, 수입을 90% 가까이 축소시켰다. 수입감소로 무역수지 적자폭은 줄어들었지만, 중국으로부터 수입하는 중간재들은 산업 생산에 직접적인 영향을 미치기 때문에 2020년 북한경제의 실적은 눈에 띄게 나빠졌다. 이전까지 비교적 생산 저하가 크지 않았던 농업과 경공업의 생산이 감소하였다. 2018년 이후 제재를 우회하는 외화획득 방안이었던 관광산업이 직격탄을 맞아 기타서비스업 생산도 급감하였다.

2. 북한의 정책대응

코로나19 팬데믹으로 인해 북한당국의 애초에 세웠던 제재 대응 전략은 수정이 불가피했을 것으로 보인다. 사실상 현재의 유엔 안보리 제재하에서 북한이 2016년 이전 수준으로 수출을 확대하는 것은 어렵다. 제재에 저촉되지 않는 수출품을 찾아야 하는데, 그동안 북한의 주력 상품은 별도의 생산공정이 필요하지 않은 농수산물, 광산물과 같은 1차산품이나 중간재를 수입한 뒤 노동력을 투입하여 최종재를 만드는 위탁가공제품들이었다. 1차산품 대부분은 제재에 저촉되고, 섬유의류제품을 제외한 위탁가공제품을 찾기도 어려워 보인다. 따라서, 2018~2019년 북한은 제재에 포함되지 않는 관광산업을 육성하여 외화를 획득하려는 전략을 취했다. 북중관계 개선을 바탕으로 중국인 관광객 유치에 역점을 두었다. 강력한 제재로 내수경제가 악화된 상황에서도 평안남도 양덕군 온천관광지구, 양강도 삼지연군, 원산갈마 해안 관광지구 등 관광시설 건설을 중점적으로 추진한 것은 북한의 관광수용능력을 확대하여 해외 관광객 규모를 늘리려는 계획이었던 것으로 보인다. 그러나, 코로나19는 다른 어떤 산업보다 관광산업에 직격탄을 가했고, 북한의 제재우회 전략은 크게 차질을 빚었을 것으로 추정된다. 2020년초 북한이 국경봉쇄를 단행한 것은 방역을 위한 불가피한 방법일 수도 있지만, 제재우회 전략이 조정되면서 수입을 큰 폭으로 줄이기 위한 방편일 가능성도 있어 보인다.

북한의 국경봉쇄는 다른 국가들이 방역을 위한 통제를 완화한 이후에도 지속되었다. 북한의 코로나19 백신 접종은 아직 공식적으로 보고되지 않은 데다 의약품과 방역물자의 부족을 감안하면, 국경봉쇄가 장기화할 수밖에 없는 사정이 이해되지 않는 것은 아니다. 그러나, 2022년 북한 당국이 코로나19 확산을 공식적으로 인정한 이후의 북한당국의 정책대응은 2020년 초반과 사뭇 다르다. 코로나19가 실제 북한내 확산되었음에도 불구하고, 북한당국은 협동농장의 모내기, 공장 부문의 생산계획 완수를 강조하는 등 경제활동을 독려하였다. 지역 간 이동을 통제하거나, 종합시장에서 매대 간격을 확대하는 등 방역을 강화했지만, 경제활동 자체를 엄격하게 통제했다고 보기는 어렵다. 코로나19 확산 초기, 바닷물이나 대북전단 살포에 따른 감염을 크게 우려했던 모습과는 대조적이다. 2022년에 들어서, 북한당국도 '경제'와 '방역'의 갈림길에서, 점차 경제활동의 중요성을 인식했기 때문일 수도 있다. 보건위기 자체보다, 산업활동 중단에 따른 경제위기, 식량위기가 북한의 체제생존에 더 위협적일 수 있다는 판단 때문일 수도 있어 보인다. 이러한 흐름에 맞추어, 2022년 하반기 북한당국은 무역재개에 더 역점을 두고 있다. 물론, 무역이 재개된다고 하더라도, 무역규모가 코로나19 이전 수준으로 회복될 가능성은 단기적으로는 낮다. 수입에 필요한 외화를 확보할 방법이 마땅치 않기 때문이다. 관광사업을 이용한 외화확보도 요원하다. 최근 방역을 완화하면서 중국내 코로나19 확산세가 심상치 않은데, 조심스럽게 시작된 북중무역도 다시 움츠러들 여지도 있어 보인다. 제재를 우회하는 방법이 여의치 않으면, 북한은 제재를 위반하거나 사이버 공격과 같은 불법적인 활동을 통해 외화를 조달하려고 할 것이다. 선행연구에 따르면, 북한의 불법적인 외화획

득은 제재가 강화된 이후에 증가하는 추세이다.[6] 대북 경제제재는 국제사회의 규범에 어긋한 북한의 잘못된 행동을 교정하기 위해 부과된 것이었는데, 오히려 다른 형태의 불법활동을 확대시키고 있는 것이다. 그러나, 북한이 이러한 불법 활동을 통해 얻을 수 있는 외화는 합법적인 상품, 서비스 수출에 비해 제한적일 것으로 보인다. 유례없이 강력한 제재하에서 국민경제 전반이 마비되는 것은 막을 수 있지만, '경제강국' 건설은 불가능한 것이다.

Ⅳ. 북한의 버티기 전략, 시간은 누구의 편일까?

예상보다 길었던 국경봉쇄 기간, 북한당국은 다수의 법령을 제·개정했다. 최근 발표된 북한 법령집을 살펴보면, 북한은 계획경제를 재정비하고, 경제관리에 대한 국가의 관여를 확대하는 데 초점을 맞춰 법을 제·개정한 것으로 보인다. 예를 들어, '허풍방지법'은 농업계산, 경제계산에서 '허풍', 즉 생산계획이나 생산실적을 과대평가하는 행동을 규제하고 있다. 2021년 북한은 김정은 집권 이후 처음으로 제시된 경제발전계획이었던, '국가경제발전 5개년 전략'이 실패했음을 인정했다. 제재와 코로나19 팬데믹에 따른 무역충격은 연쇄적으로 국내 생산활동에 영향을 미치고, 계획경제 수행에 차질을 빚을 수밖에 없다. 계획경제는 그 특성상 한 부문의 실패를 조정할 수 있는 기제가 부족하다. 시장경제에서는 가격 메커니즘을 통해 수요와 공급이 조절되지만, 계획경제는 개별 부문이 각각의 계획 목표를 달성하도록 관료적 통제를 강화할 수밖에 없기 때문이다. 김

6 장형수, 「국제사회의 대북제재가 2016~20년 북한 외화수급에 미친 영향」, 『대북제재와 북한의 경제적 미래』(2021).

정은 집권 초기 경제주체들에게 자율성과 유인을 제공함으로써, 생산성을 제고하고 성과를 끌어올리려던 적극적인 경제정책의 방향은 이제 국가통제를 강화하는 방식, 즉 계획실패에 책임을 묻고 처벌을 확대하는 수동적인 방향으로 전환되었다. 북한당국 입장에서는 제재 장기화 상황에서 제한된 자원을 체제생존과 직결된 산업에 집중하는 것이 필요한 만큼, 국민경제 전반에 대한 통제를 강화할 수밖에 없는 것이다.

전술한 방식이 제재 장기화 상황에서 북한당국의 대내 경제정책이라면, 대외적으로는 중국, 러시아와의 경제협력을 강화하면서, 다양한 방식으로 제재를 우회하거나 위반하는 전략을 취할 것으로 보인다. 미중, 미러 갈등이 첨예화되면서, 유엔안보리 상임이사국인 중국과 러시아는 대북제재 강화에 대해 2016~2017년과 약간 다른 입장을 취하고 있다. 2022년 3월에는 북한의 IBCM 발사를 규탄하는 공동 성명이 중국, 러시아의 반대로 무산되었으며, 5월에도 북한의 유류 반입 상한선을 축소하는 대북제재 결의안이 상정되었으나 역시 중국, 러시아는 거부권을 행사했다. 현재 국제정세 속에서 유엔 안보리 차원의 추가적인 대북 경제제재를 기대하기는 쉽지 않아 보인다. 북한에 추가적인 경제적 타격을 줄 수 있는 것은 원유 도입량을 축소시키는 것이다. 중국이 차관형식으로 제공하는 원유는 북한 제조업 가동률에 결정적으로 영향을 미치기 때문이다. 북한과 세계경제와의 연관성이 거의 끊어진 상태에서, 북한의 정책을 바꾸기 위해서는 오로지 중국과 연결된 경제적 고리를 차단할 수밖에 없는데, 현재의 국제정세에서 중국이 이러한 방향으로 움직일 가능성은 낮아 보인다. 오히려 러시아-우크라이나 전쟁으로 경제제재를 받고 있는 러시아와의 경제적 협력이 확대될 조짐마저 보이고 있다. 북러무역이 전체 북한무역에서 차지하는 비중은 작지만, 러시아는 북한의 제2교역국이며, 북한이 절대적으로 필요로 하는 에너지와 식량에 대한 공급 능력을 갖추고 있기도

하다. 중국과 러시아는 표면적으로는 북한에 부과된 경제제재를 준수하겠지만, 북한이 제재 우회 경로를 만들어가는 데 협조하거나 제재 위반을 묵인하는 방식으로 북한에 다양한 외화 창출 기회를 제공할 가능성도 있어 보인다. 문제는 이와 같이 북한에 유리한 구도의 국제정세를 만들어 낸 미중, 미러 갈등이 단기적으로 완화될 것으로 보이지 않는다는 점이다.

최근 북한은 2020~2021년 최악의 봉쇄를 끝내고, 서서히 무역을 재개하고 있다. 물론, 북한이 중국과 러시아의 협조와 묵인하에서, 다양한 제재 우회, 제재 위반 경로를 만들어간다고 하더라도, 현재와 같은 국제사회의 제재하에서 김정은 집권 초기 달성했던 연 60~70억 달러의 무역 규모를 회복하기는 힘들 것으로 보인다. 1990년대 중반과 같은 경제위기에 봉착했다고 보기는 어렵지만, 산업 전반의 침체와 가동률 저하는 서서히 진행되고 있다. 2022년 북한의 국내 곡물 생산량은 전년대비 18만톤, 3.8% 감소했다. 경제강국의 꿈은 이미 멀어졌고, 기후위기, 보건위기, 장기화된 제재속에 북한 주민들의 생활은 점점 어려워지고 있다.

제2부

대전환 속 대북정책 제언

제1장

최근 5년간 남북관계 변화와 새로운 모색

정 대 진

원주 한라대학교 교수

Ⅰ. "현상유지 대 현상전환"의 교차

최근 5년간 남북관계와 한반도 정세는 "현상유지 대 현상전환"의 교차가 이루어지는 상황으로 요약 가능하다.

〈표 1〉 남북관계와 한반도 정세 변화 양상

<table>
<tr><td>〈2017~2018년〉</td><td rowspan="5">⇨</td><td colspan="2">〈2019~21년〉</td><td rowspan="5">⇨</td><td>〈2022년〉</td></tr>
<tr><td>현상전환</td><td colspan="2">현상유지 vs 현상전환</td><td>현상유지</td></tr>
<tr><td>북한:
경제·핵병진노선→
경제건설총력노선</td><td>북한:
대남·대미단절
폐쇄적 조치
8차당대회</td><td rowspan="3">한국:
종전선언
한반도평화
프로세스</td><td>북한:
강대강 선대선</td></tr>
<tr><td>한국:
남북정상회담</td><td rowspan="2">미국:
대북기조불변
국내상황관리</td><td>미국:
사실상
전략적 인내
대중봉쇄</td></tr>
<tr><td>미국:
북미정상회담</td><td>한국: 담대한구상</td></tr>
</table>

한반도와 남북관계에서 현상전환과 현상유지 기조의 조화와 긴장은 2017년 이래 줄곧 나타난 현상이었다. 2017년 하반기 북한의 6차 핵실험(9.3)과 화성-15형 대륙간탄도미사일 발사(11.29)에 따른 한반도의 전운은 최고조에 달했다. 그러나 해를 넘기며 2018 평창동계올림픽을 계기로 남북 간의 대화와 접촉이 본격화됐다. 이어서 2018년 3월 우리 특사단의 평양 방문과 4월 남북정상회담이 이어졌고, 6월에는 싱가포르 북미정상회담도 개최되었다. 2017년에서 2018년으로 이어지는 극적인 현상전환의 시간이 한반도에 펼쳐졌다.

2018년에는 세 차례의 남북정상회담(4.27, 5.26, 9.18~20)이 열렸고,

개성 남북공동연락사무소도 개설(9.14)되어 남북관계는 질적인 도약을 이루었다. 또한 9·19남북군사합의에 따라 △일체의 적대행위 중지 △비무장지대 평화지대화 △서해 해상 평화수역화 △교류협력과 접촉 왕래 활성화를 위한 군사적 보장대책 강구 △군사적 신뢰구축 조치 강구 등 5개 분야에 걸쳐 남북 간의 실질적인 운용적 군비통제가 일부 이루어지기도 했다.

보통 경제사회문화 분야에서의 협력 고도화를 통한 신뢰 구축을 바탕으로 정치군사 분야의 협력으로 나아가는 것이 국가 간 관계 개선의 순서로 여겨지고 있으나 2018년 당시 남북한은 반대의 순서를 밟았다. 유엔의 대북 제재 상황 속에서 2000년대와 같은 남북 경제협력을 본격화하기까지 시간이 필요한 상황 속에서 제재와 상관없이 남북한이 협력을 할 수 있는 군사적 신뢰 구축 분야에서 성과를 낸 것으로 볼 수 있다.

한편, 2018년 9월 평양공동선언 제5조에서는 비핵화와 관련하여 구체적인 합의를 이루어내 눈길을 끌었다.

〈표 2〉 9월 평양공동선언 제5조

5. 남과 북은 한반도를 핵무기와 핵위협이 없는 평화의 터전으로 만들어나가야 하며 이를 위해 필요한 실질적인 진전을 조속히 이루어나가야 한다는 데 인식을 같이 하였다. ① 북측은 동창리 엔진시험장과 미사일 발사대를 유관국 전문가들의 참관 하에 우선 영구적으로 폐기하기로 하였다. ② 북측은 미국이 6·12 북미공동성명의 정신에 따라 상응조치를 취하면 영변 핵시설의 영구적 폐기와 같은 추가적인 조치를 계속 취해나갈 용의가 있음을 표명하였다. ③ 남과 북은 한반도의 완전한 비핵화를 추진해나가는 과정에서 함께 긴밀히 협력해나가기로 하였다.

그동안 핵문제는 미국과의 협의 대상이지 남한과는 의논할 문제가 아니라는 입장을 보였던 북한이 남북정상회담에서 남과 북의 완전한 비핵화에 대한 협력의사를 밝혔던 것이다. 특히 제5조 2항은 북한의 비핵화 추가 조치와 미국의 상응조치 주고받기를 명시한 내용인데, 이를 북한이 미국 대통령이 아닌 한국 대통령에게 의사표시했다는 점이 주목할 만하다.

문맥만 놓고 보면 북미정상회담에서 합의해야 할 사항을 남북정상회담에서 합의한 것이다. 이는 당시 김정은 위원장이 문재인 대통령에게 북미정상회담 성사를 위한 보증수표를 써주고 중개를 요청한 것으로 해석할 수 있다. 또한 북미정상회담을 통해 북한 비핵화 문제의 진전을 희망했던 우리 정부가 북한 김정은 위원장에게 요청해 보증서를 받아 든 셈이기도 하다.

결국 이 징검다리를 통하여 2019년 2월 하노이 북미정상회담이 열린다. 하지만 북미정상회담은 합의 결렬로 끝이 나고 만다. 북미관계는 다시 얼어붙었다. 북미정상회담의 실패는 남북관계에도 직격탄이 되었다. 그해 4월 12일 최고인민회의 시정연설에서 북한 김정은 위원장은 남측을 향해 “오지랖 넓은 ‘중재자’, ‘촉진자’ 행세를 할 것이 아니라 민족의 일원으로서 제정신을 가지고 제가 할 소리는 당당히 하면서 민족의 이익을 옹호하는 당사자가 되어야 한다”고 날을 세웠다.

이 당시 북한은 미국에 대해서 제재완화 등에 대한 구체적 입장을 담은 ‘새로운 계산법’을 요구했다. 하지만 미국은 묵묵부답으로 일관하며 폐쇄적 현상유지 국면에 들어갔다. 북한도 미국의 입장변화 없이는 다시는 비핵화 협상에 나서지 않겠다며 역시 폐쇄적 현상유지 국면을 유지했다.

2020년에는 코로나19가 전세계를 덮치면서 모든 나라가 서로 문을 닫고 봉쇄에 들어갈 수밖에 없는 상황이 펼쳐졌다. 북한도 대미, 대남 관계 개선 의지의 유무와는 상관없이 스스로 봉쇄해야만 하는 폐쇄적 현상유지를 이어갈 수밖에 없었다. 미국도 코로나 상황은 물론 그해 대선 국면이 본격화하면서 북한 문제에 신경을 쓸 겨를이 없었다. 2021년 북한은 제8차 당 대회에서 대외정책의 기조로 '강대강, 선대선'을 내세우며 비례적인 행동을 예고해 상대의 변화 없이는 현상유지를 이어갈 뜻을 분명히 했다. 결과적으로 북한과 미국 모두 한반도 질서에 있어서 폐쇄적 현상유지 입장을 취하게 되었다.

우리 정부만이 한반도 평화프로세스를 주창하면서 문재인 대통령이 유엔 총회 기조연설을 통해 종전선언, 비무장지대의 국제평화지대화, 동북아 보건·방역 협력체 구상 등을 밝히며 한반도 질서에 있어서 유일하게 현상전환 세력으로서 역할을 했다. 하지만 그 노력은 북한의 폐쇄적 현상유지 기조, 2022년 한국의 정권교체, 2022년 러시아의 우크라이나 침공 영향 등으로 구체적 결실을 맺지 못했다. 한반도 주변 정세의 변화로 남북관계 발전은 국제질서에서 차순위 문제로 그 중요도가 낮아진 상황이며 당분간 긍정적 의미의 현상전환 가능성은 크게 보이지 않는 상태이다.

II. 한반도의 이중냉전 상황

남북관계의 현상전환 가능성이 낮아진 데에는 한반도 주변 정세의 경색도 영향이 크다. 미중 전략경쟁이 격화되는 가운데 우크라이나 전쟁이 벌어지면서 신냉전이 가시화되고 있다는 분석도 점차 많아지고 있다. 북한 김정은 위원장은 2022년 9월 8일에 시행한 최고인민회의 시정연설에서 현재의 국제정세를 미국 중심의 일극세계가 다극세계로 전환되고 있다면서, 주변 나라들과 친선협조관계를 확대하면서 동시에 제국주의자들에게도 대항해 대외관계를 보다 다각적으로 발전시켜 나가겠다고 강조했다. 미국 중심의 자유민주주의 진영과 중러 중심의 권위주의 진영 간의 새로운 글로벌 대립구도가 조성되고 있는 가운데 북한이 새로운 외교적 활로를 찾으려고 노력하는 시도로 보인다.

김 위원장이 강조한 주변국가들 중 핵심은 단연 중국과 러시아라고 할 수 있다. 김 위원장은 2018년 3월에 시진핑 주석과 집권 후 첫 정상회담을 가졌고, 2019년 6월까지 모두 5차례 북중 정상회담을 개최했다. 2019년 2월에 하노이 북미정상회담이 결렬되고 남북 및 북미관계 모두 교착국면이 장기화하면서 북중관계는 역으로 지속 강화되는 추세도 보이고 있다.

2022년 8월 1일 북한의 리영길 국방상은 중국 인민해방군 창건 95주년을 기념하여 중국의 웨이펑허(魏鳳和) 국무위원 겸 국방부장에게 축전을 보냈다. 여기서 북한은 중국 인민해방군과 전략·전술적 협동작전을 긴밀히 해 나가겠다고 협력의사를 확인했다. 또한 고립된 북한에게 북중 경제협력은 사실상 유일한 생명줄 역할을 하고 있으며, 미중 전략경쟁이 농후해지며 신냉전 상황이 격화되는 가운데 중국이 북한을 전략자산으로 인식할 것이라는 점도 합리적으로 추론할 수 있는 사실이다. 앞으로도 북한은 이 점을 노려 중국과의 관계를 지속적으로 발전시키면서 위기 해소를 위한 지원을 획득하기 위해 계속 노력할 것으로 보인다.

한편 우크라이나 전쟁 이후 북러관계도 뚜렷하게 강화되고 있는 모양새다. 북한은 러시아의 우크라이나 침공 규탄 유엔 결의가 진행될 당시 이에 반대한 5개국 가운데 하나이며 이후에도 러시아를 일관되게 지지하고 있다. 2022년 7월 13일 북한은 러시아와 시리아에 이어서 우크라이나로부터 독립을 선언한 돈바스 지역의 도네츠크인민공화국(DPR)과 루간스크인민공화국(LPR)을 승인한 바 있다. 북한은 두 '공화국'과 수교에도 합의했다.

2022년 7월 18일 마체고라 북한 주재 러시아 대사는 러시아 일간 이즈베스티야와의 인터뷰를 가졌다. 그는 여기서 소련 시절 북한과 돈바스 지역 간 긴밀한 교역을 상기시켰다. 그리고 앞으로 북한 건설노동자들이 도네츠크와 루간스크에 건너가서 전후 재건 작업을 벌일 것임을 시사했다. 도네츠크의 수장 데니스 푸실린(Denis Pushilin)도 8월 9일 러시아 방송에 나와 북한과 건설 분야 협상을 진행 중임을 밝히며, 여단 규모 건설 인력이 그들 지역에 도착할 것이라고 밝혔다.

북러가 도네츠크와 루간스크 재건을 통해 협력하면서 양측의 이해관계를 충족시키려는 시도는 성사 가능성이 높아 보인다. 러시아는 도네츠크와 루간스크 지역의 재건이 시급한 상황이고, 북한은 건설 인력 송출을 통해 외화 확보를 하는 것이 시급한 과제이기 때문이다. 또한 도네츠크와 루간스크는 유엔 미가입국이라는 점에서 유엔 대북 제재 이행의무가 없다. 이러한 상황에서 북한은 특별한 행동제약 없이 도네츠크와 루간스크에서의 활동에 매력을 느끼고 이를 추진할 개연성이 높다.

북한의 군 인력이나 건설노동자들이 관광 혹은 학생비자로 러시아를 경유하여 도네츠크와 루간스크로 이동하고 러시아는 이를 묵인하는 방식으로 협력이 이루어질 가능성도 배제할 수 없다. 북한제 탄약 러시아 공급설 등 북러협력에 대해 북한이 9월 22일 국방성 장비총국 부총국장 담화를 통해 부인하기도 했지만 북러 협력의 대세는 지속될 전망이다. 그리고 북한이 지속적으로 추가 군사도발을 하는 가운데 유엔 안보리 상임이사국인 러시아가 반대할 경우 북한에 대한 추가제재도 사실상 불가능하다.[1]

이러한 상황은 한반도에서의 신냉전 현상이 고착하는 데에 악영향을 미칠 가능성이 크다. 한반도가 냉전의 섬으로 계속 남아있는 가운데 신냉

---

1 조한범, "최고인민회의 제14기 제7차 회의로 본 북한 정세와 한반도 안보함의," 『월간 KIMA』 vol.56 (2022.10) 참조.

전이 겹쳐지는 이중냉전 상황을 맞고 있다고 해도 과언이 아니다. 한반도의 분단은 20세기 냉전의 동아시아화가 만든 구조였다. 이 구조는 20세기말 탈냉전기에도 해체되지 않고 계속 남아있었다. 탈냉전이 펼쳐진 20세기말과 21세기에도 남북은 냉전의 섬으로 남아 있었고, 이제는 신냉전의 기류가 다시 한반도를 덮고 있다. 남북한은 20세기 구냉전에 21세기 신냉전을 한번 더 덧입는 이중냉전의 장막에 갇혀가고 있는 상황이다.

자본주의 진영과 공산주의 진영의 블록화가 명확하여 한미동맹과 자유주의 우방국 편승외교로 생존이 가능했던 20세기의 한국은 탈냉전기 분단을 해소하지 못한 상태에서 민주주의 대 권위주의 진영 간의 블록화를 맞고 있다. 탈냉전기 세계화와 자유무역의 질서 속에서 권위주의 진영 국가들과도 경제교류를 확대하고 상당한 가치사슬에 연계된 한국은 글로벌 공급망 재편과 기술경쟁이 격화되는 신냉전의 기류 속에서 20세기식 일방적인 편승외교를 할 수 없는 딜레마에 봉착해 있다. 여기에 전통적인 지정학 연대인 북·중·러 협력구도가 가시화되어 정치적으로나 경제적으로나 한국은 이중냉전의 장막 속에서 불안정성과 불투명성의 도전을 헤쳐 나가야하는 과제를 안고 있다.

이런 가운데 북한은 전술핵능력을 강화해 사실상 주한미군과 남한 전역을 사정권에 놓았고, 가장 공격적인 핵교리를 법제화했다. 북한 핵문제의 우선순위가 완전한 비핵화에서 군사적 대응으로 변화하고 있는 양상이다. 우리 정부는 독자적 대응능력을 강화하기 위해 킬체인, 다층 미사일 방어체제, 압도적 대량응징보복 능력을 골자로 하는 한국형 3축 체계 구축에 박차를 가하고 있다.

한미는 9월 16일 워싱턴 DC에서 확장억제전략협의체(EDSCG)를 개최해 핵과 재래식, 미사일 방어체계 등 모든 군사적 자산을 총동원한 확장억제 강화에 합의했다. 한미는 고위급 EDSCG의 매년 개최, 연내 북핵 위협 단계별 대응 도상 훈련인 확장억제수단운용연습(TTX) 진행, 우주·사이버 영역의 협력 및 공조에 합의하여 과거에 비해 더욱 강화된 협력체제를 구축했다. 또한 2022년 5월과 11월 한미정상회담 등을 통해 미국의 확장억제전략의 안보 공약이 재확인되었고, 북한은 이에 대해 극렬 반발하며 ICBM 발사 등 도발을 이어가고 있다. 남북한 공히 강대강 구도로 이중냉전의 시대에 빠져들고 있는 상황이다.

Ⅲ. 한반도 2D 패러독스와 '선평화·후통일' 원칙

남북관계가 이중냉전의 덫에 걸려있는 형국을 면치 못하는 가운데 한국 정부도 2022년 대선을 통해 정권교체가 이루어지면서 북한의 선비핵화를 강조하는 기류가 강해지고 한미동맹 강화의 일환으로 한미연합훈련 확대 실시 등을 통해 북한을 압박하고 있다. 북한도 2021년 8차 당대회 당시 대외정책의 기조로 밝힌 '강대강, 선대선' 원칙에 따라 한미 정부의 강경 기조에 대해 적극적인 반발과 군사행동으로 강대강 국면을 이어가고 있다.

북미관계도 2021년 바이든 행정부 출범 이후 강대강 국면을 벗어나지 못하고 있다. 2019년 2월 하노이 북미회담결렬 이후 북한은 미국에 대해 '새로운 계산법'을 요구하며 제재완화 등 비핵화 협상의 사전조건을 제시했지만 미국은 트럼프 행정부 이후 바이든 행정부에서도 이에 대해 구체적인 답변 없이 '조건 없는 대화'만을 내세우고 있어서 북미회담은 재개되지 못하고 평행선을 그리고 있다.

하지만 외교관계에서 대화10:대치0, 대화0:대치10의 절대구도는 절대로 형성되기 어렵다. 전쟁 가운데에서도 대화는 이루어지고, 대화 국면에서도 긴장과 갈등의 가능성이 항시 상존하는 것이 외교관계이다.

2018년 적극적인 현상전환이 이루어지기 이전인 2017년에도 북한의 6차 핵실험과 화성-15형 발사로 전쟁 위기는 고조된 바 있다. 하지만 그 위기 국면 가운데에서도 한국 정부는 2017년 베를린 구상 발표 등을 통해 북한의 2018년 평창동계올림픽 참가 등 구체적인 대북 시책을 내놓으며 대화국면을 향한 문을 열어두었다.

돌이켜보면 1974년 박정희 대통령 광복절 경축사 이후 한국정부는 선평화·후통일 원칙의 큰 틀에서 남북관계 위기관리를 하며 평화진작을 위한 노력을 병행해왔다. 전두환 집권 당시에도 민족화합민주통일방안 제시, 남북 이산가족 최초 상봉(1985년) 등이 있었으며, 노태우정부는 한민족공동체통일방안 제시와 남북기본합의서 체결, 김영삼정부는 민족공동체통일방안의 정립, 김대중정부는 최초의 남북정상회담과 대북화해협력정책의 전면화, 노무현정부는 남북정상회담과 평화번영정책 실시, 이명박정부도 공식적으로는 상생·공영의 대북정책 제시, 박근혜정부는 한반도신뢰프로세스 추진, 문재인정부는 3차례의 남북정상회담과 한반도평화프로세스의 지속을 추진해왔다.

〈표 3〉 우리 정부의 대북·통일정책과 북한의 대남·통일정책

<table>
<tr><th>구분</th><th colspan="2">남한</th><th colspan="2">북한</th></tr>
<tr><td>1948년~
1960년</td><td>제1공화국
(이승만정부)</td><td>유엔 감시하 자유총선거에 의한 통일론</td><td rowspan="4">김일성정권</td><td>민주기지론(민족해방론) 입각한 무력·적화통일론</td></tr>
<tr><td rowspan="2">1960년대</td><td>제2공화국
(장면정부)</td><td>남북자유총선거론
(유엔감시하)</td><td>남북연방제(1960)</td></tr>
<tr><td>제3공화국
(박정희정부)</td><td>선 건설 後 통일론(1966)</td><td rowspan="2">고려연방제(1973)</td></tr>
<tr><td>1970년대</td><td>제4공화국
(박정희정부)</td><td>선 평화 後 통일론(1974)</td></tr>
</table>

구분	남한		북한	
1980년대	제5공화국 (전두환정부)	민족화합민주 통일방안 (1982)	김일성정권	고려민주연방공화국 창립방안(1980)
1990년대	제6공화국 (노태우정부)	한민족공동체 통일방안 (1989)		느슨한 연방제(1990) (1민족 1국가 2제도 2정부)
2000년대	김영삼정부	민족공동체통일방안 (1994) (1민족 1국가 1체제 1정부)	김정일정권	낮은 단계의 연방제 (2000)
	김대중정부			
	노무현정부			
2010년대	이명박정부		김정은정권	조국통일 3대 헌장 강조 (조국통일 3대 원칙, 고려민주연방공화국 창립 방안, 전민족대단결 10대강령) (2016)
	박근혜정부			
	문재인정부			당 규약 개정으로 통일론 변경 관측(2021)

대화와 대치 국면이 반복되기는 했지만 어느 정부도 영구 분단이나 선제공격, 전쟁을 극단적으로 추구하지 않았다. 남북관계에 있어 한국 정부는 항상 군사력을 두텁게 강화하며 전쟁을 억제(Deterrence)하면서도 동시에 긴장완화(Detente)를 동시에 추진해야 하는 상황에서 국면에 따라 탄력적으로 대응하며 여기까지 온 것으로 평가할 수 있다. 문제는 억제(Deterrence)와 긴장완화(Detente)가 동시에 균형을 이루기가 굉장히 어렵고, 한쪽을 강조하면 한쪽이 약화하는 딜레마 상황이 발생하는 역설이 항시 발생했기에 이는 한국정부가 남북관계 관리에서 직면하는 2D 패러독스라고 할 수 있다.

윤석열 정부도 이 2D 패러독스에서 자유로울 수는 없으며 이에 따라 한미동맹 강화와 한미연합훈련 확대와 같은 억제(Deterrence)를 추구하면서도 동시에 '담대한 구상'과 같은 긴장완화(Detente) 계획을 제시할 수밖에 없는 것이다.

Ⅳ. 북한 비핵화 연계·병행론과 새로운 모색

2D 패러독스의 관점에서 보면 윤석열 정부도 역대 정부의 기조를 이어오고 있는 것으로 평가할 수 있다. 또한 지난 문재인 정부의 대북정책도 2018년 세 차례의 남북정상회담 등으로 특별히 정책기조가 변했다거나, 급진적인 대북정책 양상을 보인 것이 아니라고 할 수 있다. 문재인 정부의 대북정책도 큰 틀에서는 전임 정권들의 정책기조를 유지하며 50년 이상 내려온 대한민국 정부의 대북정책 기조를 발전시킨 것으로 볼 수 있다.

1990년대 북한 핵문제 이후 역대 정부의 대북정책은 친북·반북, 보수·진보, 강경·유화의 구분보다는 북한 핵문제와의 연계·병행 입장에 입각해서 구분 평가하는 것이 타당하다고 할 수 있다. 선 북한 핵문제 해결을 전제로 남북교류협력 등을 추진하는 이른바 연계론을 편 정부로는 김영삼, 이명박 정부가 대표적이라고 할 수 있고, 북한 핵문제 해결과 남북교류협력을 선후관계가 아닌 동시적으로 추진하는 이른바 병행론을 편 정부로는 김대중, 문재인 정부가 대표적이라고 할 수 있다.

연계론을 편 정부나, 병행론을 편 정부나 북한 핵문제 이후 30년이 지난 지금 공과를 함께 하며 결과적으로는 국민과 국제사회가 기대하는 만큼의 완전한 비핵화를 달성하지 못한 것은 사실이다. 그러나 이는 어느 한 정권의 과오라기보다는 기본적으로 북한의 핵개발 욕망, 북미 간 신뢰의 부재 등 구조적이고 기본적인 변수가 작용한 측면이 보다 강하고 크다고 할 수 있다.

또한 가장 최근인 2020~21년 기간 동안의 예상치 못한 코로나 국면이 일상적이고 초보적인 수준에서의 남북교류도 불가능하게 했던 측면도 고려해야 할 필요가 있다. 문재인 정부의 대북정책과 남북교류가 결과적으로 성과가 없었다고 해서 2018년 세 차례의 남북정상회담과 남북공동연락사무소 개설, 남북군사합의의 도출과 이행 모두가 평화쇼나 이벤트로 평가절하하기는 어렵다.

가정법의 질문은 의미가 없지만 만약 2018년이 문재인 정부의 임기 마지막 해이고 그해에 세 차례의 남북정상회담과 여하의 성과를 거둔 후 2019년 2월 25일 새 정부에 이임을 했다고 가정해보자. 그 직후인 2019년 2월 28일 하노이 노딜이 발생하고 북미관계와 남북관계가 폐쇄적 현상유지 기조로 정지되는 상황이 왔다면 이는 새 정부 역시 떠안아야 할 숙명적인 과제였을 공산이 크다. 남북관계는 정권의 유불리와 상관없이 대한민국 정부가 계속 떠안고 가는 문제이고 남북관계를 축으로 북미관계와 기타 국제정세도 고려해야 하는 복잡한 문제임을 전제로 두어야 한다.

대북정책과 남북관계는 어느 정권의 정책방향과 성격에 따라 단기적으로 규정지을 수 있는 분야가 아니라 구조적이고 장기적인 차원에서 접근해야 할 문제이다. 남북 간에는 3명의 대통령이 5번의 정상회담을 했고 그동안 670여회의 남북회담과 260여건의 남북합의를 도출한 바 있다. 남북정상회담은 특수하고 역사적인 이벤트와 사변이 아니라 일상적이고 제도화할 수 있는 기초와 선례가 있는 상태이다.

윤석열 정부도 보수와 진보의 이분법에서 벗어나 대한민국 정부의 역사성 계승 차원에서 남북정상회담 제의와 대북레버리지의 적극적인 유지를 모색할 필요가 있다. 문재인 대통령 퇴임 당시 남북 정상 간에는 이임·고별 친서가 오갔는데 윤석열 대통령도 지정학적으로 중요한 상대인 북한 정상에 대해 취임 친서와 남북정상회담 등을 제안하는 것이 이례적인 일이 아님을 주지해야 할 필요가 있었다.

취임 초기의 시점은 지났지만 윤석열 정부도 '담대한 구상'을 밝히고, 통일부장관도 대북정책의 '이어달리기'를 강조하는 점은 여전히 주목할 만하다. 대한민국 정부의 선평화·후통일 원칙은 이어지고 있으며 장기적으로 이에 입각한 남북관계 발전도 완전히 불가능한 것은 아니다.

윤석열 정부의 '담대한 구상'도 북한의 비핵화 조치와 행동 이전이라도 북한이 비핵화 대화에만 복귀한다면 구체적인 분야에서 남북협력을 추진하겠다는 기조를 담고 있다. 북한 비핵화 연계론과 병행론을 조합한 연계론적 병행론으로 보이는 정책이다. 향후 남북관계의 진전은 시간이 지나야 알 수 있겠지만 적어도 무조건적인 선비핵화 신화에 사로잡힌 정책은 아니라는 점은 평가 가능하다. 사회간접자본(SOC) 인프라 개발협력 투자, 국제투자 및 금융지원, 대북농업협력과 북한 주민 삶의 질 개선을 위한 인도주의 협력, 사회문화협력 등에서 '담대한 구상'의 결실이 맺어지기를 기대해본다.

제2장

북한의 교통 SOC 현황과 개발 협력 방향

안 병 민

한반도경제협력원 원장

Ⅰ. 사회간접자본을 바라보는 남북의 시각

사회간접자본(Social Overhead Capital: SOC)이라는 용어는 1920년대에 등장하여 1950년대 개발경제학이 성행하던 시기부터 널리 사용됐다. 그러나 이 개념은 스톡개념의 자본인지, 아니면 공급 측면에서의 일반적인 투자 활동인지에 대한 지속적인 논쟁거리가 되었으며, 통일적인 정의도 합의되지 않았다.

사회간접자본에 대한 정의로는 〈생산활동에 있어서 필수 불가결한 기본적 서비스로서 공공서비스, 교통, 통신, 전력, 수도, 관개 및 배수 등과 관련한 재화 및 시설〉, 또는 〈재화 및 서비스의 공급을 시장에 맡길 경우, 국민경제의 필요성 측면에서 그 존재량이 부족하거나 현저한 불균형이 초래되는 바람직하지 못한 상태로 되는 자본〉 등이 대표적이다.

북한에서는 사회간접자본을 〈자본주의 국가 또는 그 지방 정권기관이 사회 공동의 리익을 위한다는 미명 밑에서 철도, 도로, 항만, 비행장, 체신, 전력, 상하수도 등의 건설과 운영에 투하하는 자본〉으로 정의하고 있다. 또한 〈자본주의 국가는 독점자본가의 기업활동에 절실히 필요하나 개별적 독점자본가의 힘으로 감당하기 어렵고 채산이 맞지 않는 철도, 도로, 항만, 전신전화, 전력, 상하수도 등을 사회 공동의 리익이라는 구실 밑에서 인민수탈로 이루어진 재정예산을 지출하여 진행한다〉고 설명한다.

이처럼 사회간접자본의 정의를 통해 자본주의와 사회주의의 시각 차이가 존재한다는 것, 그러나 사회간접자본 분류 형태는 일치하고 있다는 것을 확인할 수 있다.

특히 SOC는 국가경쟁력 강화에 필수적인 국가기간시설이기 때문에 남북한 모두 막대한 재원을 투자하여 시설 확충 및 유지에 노력해 왔다. 이와 아울러 한정된 재원을 효과적으로 사용하기 위한 투자 우선순위 선정이 사업의 성패를 좌우하기도 하였다.

이러한 측면에서 철도, 도로, 항만, 공항, 전력시설과 같은 사회간접자본은 남북한 간 최우선적인 협력 대상이 되었다. 그 결과, 철도와 도로는 남북한 간의 동해선과 서해선 노선이 연결되는 성과를 거두었으며, 남북한 시설의 〈연결, 현대화, 활용〉이라는 합의까지 도출된 바 있다.

윤석열 정부는 지난 2022년 광복절 경축사를 통해 북한의 민생 및 경제개선 프로그램인 '담대한 구상'을 북한에 제안하였다. 이 구상의 6개 경제협력 구상에 〈국제교역을 위한 항만과 공항의 현대화 프로젝트〉가 포함되어 있다. 육상교통시설에 이어 해상 및 항공시설로 협력 대상 영역이 확대되었다는 점, 북한을 국제사회로 유도하기 위한 국제교역 활성화에 초점이 맞추어졌다는 점은 긍정적으로 평가할 수 있다. 이전에 합의한 육상교통과의 조화 및 우선순위에 대한 충분한 검토와 대안 마련이 병행된다면 균형있는 정책으로 발전될 것이다.

이 글은 사회간접자본을 구성하는 여러 시설 가운데에서 교통시설, 특히 담대한 구상에 포함된 항만과 공항 인프라를 주요 분석 대상으로 하고 있다. 또한, 북한의 교통시설 현주소, 향후 개발 협력의 방향을 살펴보는 것이 목적이다.

Ⅱ. 북한의 교통 SOC 현황 및 평가

1. 교통의 위상 및 특성

북한에서는 〈교통〉, 〈운수〉, 〈수송〉이라는 개념이 혼용되고 있다. 북한의 『조선말대사전』에서는 〈교통〉은 '길이나 철도, 항로 등으로 사람이

래왕하거나 각종 운수 수단으로 사람과 짐이 오고 가는 것'으로, 〈운수〉는 '사람이나 짐을 일정한 수송 수단을 리용하여 나르는 일, 또는 그런 것을 분업으로 하는 인민 경제의 한 부문'으로 정의하고 있다. 또한 『조선지리전서』에서는 〈교통〉을 '일정한 수송 수단을 리용하여 화물과 여객을 한 장소에서 다른 장소로 옮기는 것을 전문으로 하는 인민 경제의 한 부문', '사회 재생산과정에서의 한 구성 부문이며, 생산과 유통을 위한 생산적 봉사 부문'으로 정의한다.

1950년대, 북한의 김일성은 '생산은 곧 수송이며, 수송은 곧 생산'이라고 하였다. 물질적 생산의 구성 부문인 수송은 생산을 전제로 하며, 생산은 수송을 떠나서는 성과적으로 실현될 수 없다는 것으로, 생산과 수송은 서로 뗄 수 없는 하나의 통일체라는 것이다. 〈수송〉, 즉 〈교통〉이 〈생산〉이라는 개념과 동등의 위상을 갖고 있다는 해석이다.

또한 '교통 운수는 인민 경제의 선행관이며, 생산과 소비를 연결하는 중요한 고리', '수송 문제를 원만히 풀지 않고서는 인민 경제의 여러 부문에서 생산을 정상화할 수 없으며, 생산과 건설을 빨리 발전시킬 수 없다'라는 김일성의 발언은 북한에서 교통이 차지하는 위상을 보여주고 있다.

북한은 교통을 수송대상의 범위에 따라 일반교통과 전문교통으로 구분한다. 일반교통은 철도교통, 자동차 교통, 수상교통, 항공교통으로 분류하며, 전문교통은 관(파이프라인) 수송, 삭도수송, 컨베이어 수송으로 분류한다.

북한의 운송 수단 평가는 북한의 상황을 반영한 특이한 점을 발견할 수 있다. 북한에서 간행된 『광명백과사전』에는 수상교통이 항만에서의 화물 작업 시간이 매우 긴 반면, 총체적인 화물 송달속도가 철도운수보다 빠르다는 내용이다. 또한, 노동 생산 능률이라는 항목에서는 수상교통이 철도운수보다 높으며, 자동차 교통이 제일 낮다고 한다. 운수 형태를 합리적으로 선택하고 그들 사이의 수송량 분배를 잘하는 것은 수송에서 운수 형태들의 기술 경제적 우월성을 최대한으로 이용하여 사회적인 총수송비를 절약하며 수송의 효과성을 높이는 데서 중요한 의의가 있다고 분석하였다.

〈표 1〉 교통수단별 경쟁력 비교

구분	화물송달속도	평균여행속도	먼거리수송	노동생산능률	화물작업시간
철도	4	2	3	2	3
자동차(도로)	2	3	4	3	1
수상	3	4	2	1	4
항공	1	1	1	4	2

주: 경쟁력이 가장 높은 것을 1, 가장 낮은 것을 4로 함
자료: 인제대 통일교육선도대학사업단, 『한반도 평화를 보는 12가지 시선』, 2020. p.109.

2. 시설 특성 및 현황

1) 철도

북한에서의 철도는 '나라의 동맥이며 인민 경제의 선행관'으로 철도법에 규정되어 있는 가장 중요한 운송수단이다. 또한 "철도가 운영되는 것은 인체에 비유하면 혈액이 순환되는 것과 같다. 철도가 잘 운영되어야만 공업과 농업 생산이 보장되고 경제건설이 빨리 추진될 수 있으며, 인민생활도 보장될 수 있다"라고 평가되고 있다. 북한철도의 수송분담률은 여객의 약 60%, 화물의 약 90%에 달한다.

철도에 대한 북한에서의 평가는 아래와 같다.

1) 수송 거리의 제한을 받지 않고 철도망을 확대하는 방법으로 여객과 모든 종류의 화물을 모든 지역으로 수송을 보장할 수 있는 만능적인

수송 형태

2) 차량을 대형화, 중량화하고 철길 부담능력을 높이며, 복선 철길을 건설하는 방법으로 수송능력을 지속적으로 높일 수 있음
3) 차량의 운전 저항이 작으므로 연료와 전력 소모가 상대적으로 적고 노동 생산능률이 높으므로 수송량 단위당 노력 소비도 적음
4) 수송량 단위당 운영비가 수상교통과 관(파이프라인) 수송을 제외한 다른 교통수단에 비해 적음
5) 철길의 기본건설 투자비는 철길을 건설하는 지역의 자연 지리적 조건에 크게 좌우됨.

위와 같은 북한 측 평가를 통해 철도는 산악지형이 대부분인 북한에서 건설 시 막대한 비용이 필요하고, 연료와 전력의 충분한 공급이 전제되어야 하며, 차량 및 선로의 현대화, 노선의 복선화가 필수적이라는 것을 알 수 있다.

그러나 북한철도의 현주소는 이러한 조건을 전혀 만족시키지 않는 최악의 상황임을 여러 자료를 통해 알 수 있다. 북한은 그동안 중국, 러시아와 공동 철도조사사업을 진행하였으며, 남북 간에도 네 차례(베이징올림픽 공동응원단, 단천지역 지하자원 조사, 동해선과 서해선 철도조사)의 공동조사를 하였다. 이러한 조사를 통해 북한철도의 시설 및 운영 현황이 외부에 일부 공개되었다.

북한의 철도 총연장은 2022년 현재 약 5,300㎞ 수준이다. 노선의 80%가 전철화되어 있으나 전력 공급이 원활히 이루어지지 않는 경우, 철도 수송이 정상적으로 이루어질 수 없게 된다. 노선의 97%가 단선이기 때문에 효율적인 수송은 어려우며, 궤도, 통신, 전력, 시설(터널, 교량) 등 철도 시설의 노후화가 심각한 수준으로 알려졌다. 평양-베이징 간 국제열차의

표정속도는 시속 45km 내외이며 개성-사리원 구간의 표정속도는 시속 15~20km 수준이다.

북한철도의 가장 큰 특징은 중국, 러시아와 4개 지점에서 국제철도가 연결, 운영되고 있다는 것이다. 현재 북중 간에는 신의주~단둥, 남양~도문, 만포~집안, 북러 간에는 두만강~하산 연결 노선이 있다. 북한의 국제철도 노선은 코로나19로 인해 장기간 봉쇄되었다가 북중 간 신의주~단둥 노선은 2022년 9월에, 북러 간 두만강~하산 노선은 2022년 11월에 재개되었다. 2022년에는 두 차례에 걸쳐 국제기구의 지원 물자가 철도를 통해 북한 측에 전달되기도 하였다.

최근 북한철도의 가장 큰 이슈는 철도가 전쟁용 살상수단의 운반, 발사체가 되었다는 것이다. 북한은 2021년 9월과 2022년 1월에 열차형 미사일 발사대(TEL)을 이용하여 KN-23 단거리 탄도미사일을 발사하였다. 남북 간 경제협력의 상징물이었던 철도가 무력도발의 수단으로 활용되었다는 것은 철도 협력의 국민적 공감대 구축에 장애물로 작용할 가능성이 크다.

2) 도로

북한에서 도로의 기능은 '철도와 배가 미치지 못하는 지역들에 대한 수송을 담당하는 것'이라고 정의되어 있다. 또한, 철도운수와 함께 생산과 소비를 긴밀히 연결하고 나라의 경제발전에 필요한 모든 조건을 앞세워 보장하는 임무를 수행하고 있다고 규정되어 있다.

북한에서 도로에 대한 평가는 아래와 같다.

1) 화물수송을 통하여 공장, 기업소에 필요한 원자재, 연료, 자재, 설비들을 수송하여 생산과 기술을 정상화할 수 있는 조건의 보장
2) 대량 화물 집결 장소에서의 반출입작업, 생산단위들에서의 세부수

송, 필요한 먼거리 수송을 담당하여 전국의 모든 지역과 생산 단위들 간의 생산적 연계

3) 생산과 소비의 긴밀한 연계와 균형을 보장하여 사회적 생산이 순조롭게 진행되게 함으로써 인민 경제의 계획적, 균형적 발전을 담보

4) 도시와 농촌 간의 정치, 경제, 문화적 연계를 보장함으로써 도시와 농촌 간의 격차 해소에 기여

5) 시기성과 시간을 요구하는 긴급하고 중요한 인민소비품들을 적기에 소비지와 소비자들에게 직접 수송하여 줌으로써 인민의 물질문화 생활 향상에 기여[1]

그리고 북한은 도로를 전선과 후방과의 연계를 강화하며 군사 활동의 높은 기동성을 보장하는 전쟁 승리의 중요조건으로 강조하고 있다는 점을 주목할 만하다.

북한은 1980년대까지 도로를 철도나 수운(水運) 네트워크가 없는 지역의 장거리수송, 주요 철도역 및 항구의 연결교통 수단으로 활용하였다. 그러나 최근 북한에서는 철도 중심의 교통정책에서 탈피하려는 움직임이 나타나고 있다. 도로교통을 기동성 및 운행속도가 높으며 원하는 시간에 수송이 가능한 교통수단이라고 재평가하고 있기 때문이다. 도로운송은 주로 가까운 거리 약 150~200km 수준에서 수송 원가가 저렴하고 도로 건설비가 철도 건설비보다 수십 분의 1에 불과하다고 분석을 제시하고 있다.

북한이 도로 현황 관련 자료를 외부에 처음으로 공개한 것은 1988년이었다. 북한은 도로연장을 75,500km로 발표하였으나, 양방향 교행이

1 김준기 외, 『조선교통운수사3(자동차운수편)』, 공업종합출판사(1991) p. 11-12.

불가능한 길폭 3-3.5m의 도로까지 포함된 수치였다. 양방향 통행이 가능한 도로연장은 약 30,000km 수준일 것으로 판단된다. 북한은 도로체계를 고속도로와 1급~6급까지의 7가지 체계로 구분하고 있는데, 남측의 국도에 해당하는 1급 도로는 도시부를 제외하면 대부분 비포장 상태이다. 도로 시설 중 터널, 교량, 가드레일과 안전시설이 노후화되었거나 갖추지 못하고 있다.

북한의 고속도로는 6개 노선 661km에 달한다. 최근 북한은 도로법 개정을 통해 고속도로에서의 통행료 징수, 주차장 및 세차장의 유료화, 도로운송 관련 시설에서 발생한 수익은 도로 부문에 재투자한다는 획기적인 변화를 시도하고 있다.

〈표 2〉 북한의 고속도로 현황

노선명	구간	거리(km)	길폭(m)	개통 시기	비고
평원고속도로	평양-원산	196	2~4차선(20)	1978년	콘크리트
평개고속도로	평양-개성	162	4차선(19)	1992년	아스팔트
평양-향산 고속도로	평양-향산	119	4차선(24)	·	콘크리트
평남고속도로	평양-남포	44	4차선(20~24)	2000년	콘크리트
금강산고속도로	원산-온정리	107	4차선(14)	1989년	콘크리트
평양-강동 고속도로	평양-강동	33	4차선(18)	·	콘크리트

자료: 인제대 통일교육선도대학사업단, 『한반도 평화를 보는 12가지 시선』, 2020

코로나 방역체제 아래에서 도로교통 부문은 검역과 이동을 통제하는 강력한 통제정책으로 인해 정상적인 운행이 이루어지지 못했으며, 봉쇄된 접경지역으로의 긴급물자수송에 주로 활용되었다.[2]

2 북한은 2022년 5월 말 기준, 북한의 철도역, 도로 등 전국 1,840여 개 지점들에 방역초소를 설치, 인원과 차량에 대한 소독사업을 강화하였다고 보도하고 있다.

3) 항만

북한에서 〈항만〉은 '배가 나들고 안전하게 머물 수 있게 된 장소로 항, 또는 항구라고 한다.'라로 정의되어 있다. 또한, 북한은 바다와 하천, 저수지 등에서 선박을 이용하여 여객이나 화물을 수송하는 것을 수상운수(수상교통)로 정의하고 있으며, 수상교통은 해상교통과 하천교통으로 구분하고 있다.

북한에서의 수상교통에 대한 평가는 아래와 같다.

1) 해상교통은 새로운 항로를 개설하는데 큰 투자가 요구되지 않으며, 하천교통도 자연적인 수로를 수송로로 이용 가능
2) 수상교통의 수송능력은 항만의 처리능력에 의하여 제한
3) 수상교통에서의 선박 적재능력은 철도나 자동차에 비해 크기 때문에 노동생산능률이 높음. 수송단위당 운영비가 적게 소요
4) 항만에서의 화물 작업 시간이 길고, 선박의 운항속도는 낮지만, 중간지점 정체 시간이 짧으므로 화물운송속도가 철도운송과 대등
5) 국내화물수송에서 수상교통은 철도가 미치지 못하는 지역의 화물수송과 철도 병목 구간의 부담을 경감시키기 위한 복합운송에서 중요한 역할을 함
6) 선박에 의한 화물수송은 철도나 자동차 수송보다 원가가 저렴하며, 대량의 화물수송이 가능하므로 수송의 경제적 효과성을 높이고 적은 재원으로 증대하는 수송수요를 해결하기 위한 효과적인 방도

북한은 한반도의 남북 분단으로 인해 3000여km에 달하는 해안선이 동해와 서해의 분리라는 지리적인 한계를 갖고 있다. 따라서 북한의 항만정책은 동해지역과 서해지역을 효과적으로 연계하는 연안해운에 방점을 찍

고 있다. 북한은 1961년부터 시작된 인민경제발전7개년계획에서 해운, 항만부문에 대한 집중투자를 개시하였는데, 수상교통의 목표는 '연해수송을 보장하고 철도와의 연대수송을 확대하며 특히 우리나라 선박에 의한 대외무역을 발전시킬 것임. 남포, 흥남, 청진, 원산, 단천 등 중요 항구들을 현대적 시설로 개선 확장하여 대형선박들이 출입할 수 있도록 할 것'이었다.

대외무역이 본격화된 1970년대에는 유류 반입을 위한 전용 부두 및 항만의 하역, 보관시설 적재 및 보관시설 건설이 본격화되었다.

북한 항만의 또 다른 특징 가운데 하나는 주요 거점 항만이 하천에 있다는 점이다. 북한은 대동강 수계에 남포, 송림, 대안항이 있으며, 압록강 수계에 신의주항이 있다. 하천에 있는 항만들은 안정적인 수심 확보를 위해 갑문 설치 등 별도의 시설 보완이 필요하다.

북한의 주요 항만으로는 무역항(1급) 9개(청진, 나진, 선봉, 흥남, 원산, 단천, 남포, 송림, 해주), 일반항(2급) 4개(김책, 웅상, 장전, 신의주), 일반항(3급) 20여 개, 지방의 소형 어항 160여 개 등 총 200여 개가 있다.

〈표 3〉 북한의 무역항 현황

(단위: 만톤, m)

항만명	하역능력	접안능력	수심(m)	부두연장(m)
청진	800	2	10.0	5,270
흥남	450	1	6.7~13	1,630
나진	400	1.5	10	2,280
원산	360	1	6.1~7.9	2,250
남포	800	2	10~13.5	1,890
해주	240	1	7~12	1,350
송림	160	1	10	700
선봉	300	20	23	-
단천	-	3	-	1,270
합계	3510			16,910

자료: 한국교통연구원

북한은 부정기의 일본, 중국, 러시아, 동남아시아 연계 외항 항로가 있으나, UN 안보리 대북제재와 코로나19로 인한 자체 봉쇄 등으로 대부분의 운항이 중단되어 있다. 주요 간선 연안항로로는 서해안의 용암포-다사도-송림, 몽금포-남포, 서해리-송림, 동해안의 나진-청진-흥남 연결항로가 있다. 동서 연결항로로는 서해의 남포, 송림, 해주와 동해의 청진, 흥남을 연계하는 항로가 있다.

북한 항만의 문제점으로는 부두 및 보관시설, 하역 장비의 노후화이다. 경제난으로 시설에 대한 적기 개보수가 이루어지지 않아 정상적인 운영이 어려운 실정이다. 특히 전력 부족으로 하역 크레인의 정상 운용이 어려우며, 창고시설 미비로 인해 화물을 야드에 쌓아두는 사례가 일반적이다. 또한, 컨테이너 부두나 Ro-Ro선 부두 등 전용부두시설이 부족하다. 대외교역화물 처리에 필수적인 컨테이너 전용 부두는 남포항에 1개소가 있다.

항만 배후수송망인 철도와 도로의 접근성이 불량하다. 항만 인입 철도망과 도로 시설이 노후화되어 화물의 신속하고 안전한 수송이 어려운 실정이다. 가장 심각한 것은 선박의 노후화이다. 아시아태평양지역의 선박안전을 관리·감시하는 기구인 아시아태평양지역 항만국통제위원회(Tokyo MOU) 자료에 따르면 2019년부터 2021년까지 3년간 북한 선박 총 65척을 안전검사한 결과, 8척에 정선 명령이 통보된 것으로 나타나고 있다. 2021년에는 북한 선박 1척이 선박안전검사를 받았는데, 결함이 스무 군데 발견된 것으로 알려졌다. 2021년 5월에 동해상에서 5500톤급 북한 화물선 청봉호가 침몰하는 사건 등이 발생하였는데 그 원인은 선박 노후화로 인한 침수였다.

2022년의 북한 수운 교통에서 주목할 만한 것은 김정은 위원장이 최고인민회의 제14기 제7차 회의 시정연설에서 경제발전과 인민 생활 향상을 위한 사업 중 하나로 대운하 건설 계획을 언급했다는 것이다. 김정은은 '나라의 동해·서해를 련결하는 대운하 건설을 비롯한 전망적인 경제 사업들에 대한 과학적인 타산과 정확한 추진계획을 세우며 일단 시작한 다음에는 국가적인 힘을 넣어 반드시 성공을 안아와야 한다.'라고 발언하였다. 노동신문은 김정은 위원장이 동해·서해 연결 운하를 반드시 건설할 것이며, 김일성의 유훈 사업이라고 발언했다고 전했다.

북한에서 내륙 수운이란 육상운송의 한계를 극복하기 위하여 강이나, 하천, 호수 등을 이용, 여객과 재화를 운송하는 수송을 말한다. 북한지역은 압록강, 두만강, 청천강, 대동강과 같은 대형하천과 수풍호, 운봉호, 장진호 등과 같은 호수를 이용한 내륙 수상 운송이 활성화되어 있다.

북한이 분석한 한반도 주요 하천의 가항 거리와 가항 비율 자료에 따르면, 북한지역 내 위치한 하천 중 가항 거리가 100km 이상인 하천은 압록강, 대동강, 임진강이며, 가항 비율이 30% 이상인 하천은 압록강, 청천강, 대동강, 재령강, 임진강으로 나타났다.

〈표 4〉 주요 하천의 가항거리와 가항 비율

하천명	길이(km)	가항거리(km)	가항비율(%)
압록강	803	698	87
청천강	217	66	30
대동강	450	261	60
재령강	124	41	38
예성강	137	39	21
한강	502	328	65
임진강	272	103	38
금강	409	130	32
영산강	139	56	40
두만강	547	75	14
낙동강	523	342	65
섬진강	220	39	18

자료: 정인식 외, 『조선지리전서』, 교육도서출판사(1990), p.126

내륙 수운은 북한의 주요 항만 중 일부가 하천에 있는 점, 현재 내륙 수운을 이용한 수송이 이루어지고 있으며 향후 활성화될 수 있다는 점, 김정은의 관심 사업이라는 점, 윤석열 정부의 담대한 구상과 연계성을 갖고 있다는 점에서 향후 중점적으로 검토되어야 할 것이다.

북한은 수상교통 분야의 국제기구인 국제해사기구(IMO), 국제등대협회(IALA), 국제해상위원회(CMI), 국제수로기구(IHO), 발트국제해운동맹(BIMBO)의 회원국이다. 북한의 수상교통 부문은 국제기준의 편입 범위가 가장 넓은 영역이기 때문에 향후 협력 가능성이 가장 크다고 볼 수 있다.

4) 공항

북한은 〈공항〉이라는 단어보다 〈비행장〉이라는 단어를 일반적으로 사용하고 있다. 북한의 비행장을 '항공기들의 이착륙을 보장하며 그것들을 배치하고 정비할 수 있게 설비된 구역'으로 정의하고 있다. 또한, 비행장은 활주로, 유도로, 정류장, 영구시설과 시설물, 항행 무선 및 조명 기술자재로 구성된다고 한다. 사명에 따라 민간과 군용으로, 위치에 따라 육상, 수상, 얼음비행장으로, 비행장의 크기와 장비 수준에 따라 1급~3급 비행장으로 분류하고 있다.

북한에서 말하는 1급 비행장은 활주로 길이가 2500m 이상으로 주·야간 및 전천후 이착륙이 가능한 수준이며, 2급 비행장은 활주로 길이가 1,800-2,400m 이내로 항행 무선 및 조명기재를 갖춘 수준, 3급 비행장은 활주로 길이 1,000-1,800m 이내의 수준이다.

〈표 5〉 북한 비행장(공항) 등급 구분

구분	활주로 길이	시설 수준
1급	2,500m 이상	주·야간, 전천후 조건에서도 모든 형태의 항공기들이 이착륙 가능
2급	1,800~2,400m	항행 무선 및 조명 기술기재 등 구비
3급	1,000~1,800m	임시비행장

자료: 『조선대백과사전』 12권(1999), p. 225.

북한에서의 항공교통에 대한 평가는 아래와 같다.

1) 항공교통은 여객의 여행속도와 화물의 송달속도가 가장 높음
2) 항공교통은 새로운 수송로를 개척하는데 소요되는 기본건설 투자비가 다른 운수 형태와 비교하여 1/10-1/20에 불과. 건설비 대부분은 공항 건설에 국한
3) 1개의 공항을 건설하면 기존의 다른 공항과 연결되는 수송로가 동시에 개척되어 여러 지점간의 항공교통을 보장할 수 있음
4) 항공교통은 기상조건이 교통의 규칙성을 보장하는 데 많은 영향을 줌
5) 항공교통의 수송 원가는 상대적으로 높고 비행기 종류에 따라 차이가 발생
6) 항공교통에서는 서비스의 질적 수준 제고, 비행장 및 공역의 혼잡문제 해결, 환경 보호 문제 등이 제기

북한의 비행장(공항)은 약 50여 개로서 대부분은 군용공항을 겸하는 간이공항 수준이다. 국제공항은 평양 순안공항과 원산 갈마공항 2개소이며, 민간 활용이 가능한 곳은 어랑공항(함경북도 어랑군), 선덕공항(함경남도 정평군), 삼지연공항(양강도 삼지연시)이 있다. 북한 공항 중 국제기구인 ICAO 코드를 부여받은 비행장은 평양(ZKPY), 선덕(함흥, ZKSD),

삼지연(ZKSE), 어랑(ZKHM), 의주(ZKUJ) 4곳, IATA 코드를 부여받은 비행장은 평양(FNJ), 원산(WOS), 선덕(함흥, DSO), 삼지연(YJS), 어랑(RGO)의 5곳에 불과하다.

북한 공항의 시설 수준은 남북간 직항로 개설에 따른 평양 순안공항 실태와 백두산 관광 및 현지 조사에 따른 삼지연공항의 실태를 통해 알려졌다. 특히 삼지연공항은 활주로가 짧고 상태가 열악하였으며, 터미널 시설 노후화, 항행 안전장비 미비로 안전운항을 보장할 수 없는 수준이었다.

다른 공항들은 활주로의 비포장, 공항안전시설과 유도시설 미비 등 공항으로써의 기준을 충족시키지 못하며, 소형비행기와 헬리콥터 이착륙이 가능하다.

〈표 6〉 북한 비행장(공항) 시설 현황

공항명	소재지	시설 수준
순안국제공항	평양	3,352m×61, 3,992m×67m
갈마국제공항	강원도 원산시	2,438m×52m,
어랑공항	함경북도 어랑군	2,400m×60m
선덕공항	함경남도 정평군	2,438m×50m
삼지연공항	양강도 삼지연시	3,314m×60m

자료: 한국교통연구원

북한 항공교통에서 가장 심각한 문제점은 운항 항공기의 노후화이다. 북한 고려항공은 24대의 고정익 항공기를 보유하고 있으나 2020년 기준 운항실적이 있는 항공기는 14대에 불과하다. 나머지 10여 대는 보유는 하고 있으나 사용하지 않는 기체이다. 또한, 보유 기종의 노후화로 인한 안전성 결여로 2006년부터 북한 항공기들의 EU 영공 진입이 금지되어 있다. 2010년에 최신 기종 TU-204 2대가 도입되어 EU 통과가 가능한 항공기는 2대에 불과하다.

북한의 정기 국제항공노선은 1959년 평양-북경 간 노선이 최초 개설된 이후 러시아 하바롭스크/모스크바/블라디보스토크, 독일의 동베를린, 불가리아의 소피아, 타이의 방콕, 마카오 간 정기 항로가 개설되었으나 2020년 기준 현재 정기편이 운항하였던 지역은 중국의 북경, 심양, 상해, 러시아의 블라디보스토크였다. 현재 고려항공의 국제항공 운송은 중단되어 있다.

북한의 공역 관리는 민용항공총국이 담당하고 있는데, 북한의 공역은 평양비행정보구역(FIR)이다.

〈그림 1〉 북한의 비행정보구역

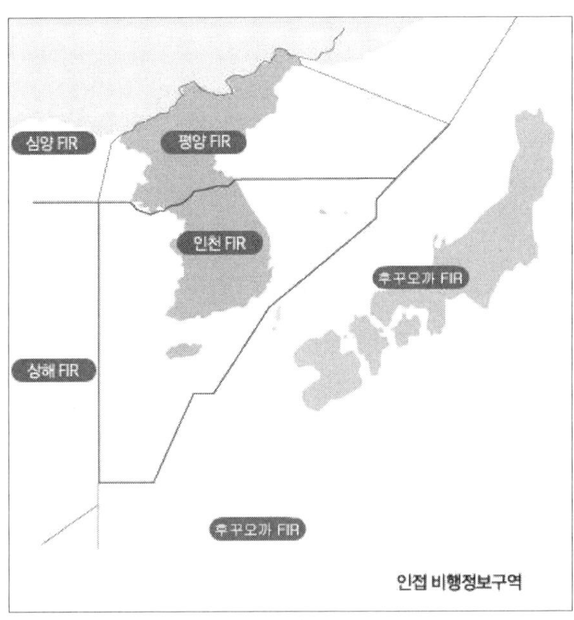

자료: 한국교통연구원

북한은 2020년에 남측 비행정보구역을 통과하는 새로운 국제 항로 개설을 시도하는 등 국제항공운송에 많은 관심을 두고 있다. 그러나 최근에 북한은 탄도미사일 제조 및 보관시설을 공항시설 인근에 배치하고 있으며, 공항 활주로, 공항 인근 부지에서 탄도미사일 발사 및 대규모 사격훈련을 하고 있어 향후의 항공협력에 장애가 되고 있다.

Ⅲ. 북한의 교통 SOC 개발 협력 방향

1. 공간적 대상을 한반도 전역으로 하는 종합적인 시각에서 접근

남북한의 근대적인 교통 SOC는 일제강점기에 한반도 전역을 공간 대상으로 설정하여 구축되었다. 일제는 한반도를 일본의 자원 강탈 거점과 대륙침략의 발판이라는 방향하에서 지하자원 개발형, 재화반출형, 대륙침략형 교통시설을 개발, 건설하였다. 철도, 도로, 항만은 원료 생산지역과 가공지역, 생산지역과 소비지역, 반입지역과 반출지역, 대륙과 해양을 연결하는 형태였다. 도시들은 교통시설과 생산시설을 중심으로 건설되었고, 이렇게 구축된 식민지형 산업 및 교통 네트워크는 지난 100여 년간 지속하여 왔다.

현재 추진되고 있거나 검토되고 있는 남북 간의 교통 SOC 개발사업들은 식민지형 모델의 연장선 혹은 남북 간 단절구간의 복원이라는 임시처방식 협력사업이라고 볼 수 있다. 도시의 기능 변화, 산업 형태의 재편 및 거점의 변화, 새로운 물류회랑 구축, 세계화에 따른 국경 장벽의 완화 등 새로운 환경 변화를 반영한 한반도 통합교통물류망이라는 차원에서 재검토되어야 한다. 또한, 남측의 중장기 국토개발전략 및 교통물류계획과의 연동성을 확보해야 한다. 남측의 국토종합계획, 국가기간교통망계획(철도, 도로, 항만, 공항, 물류)과 상호 밀접한 연계성을 갖는 중장기 로드맵하에서 개발사업이 마련되어야 한다.

일제는 한반도 육상교통 네트워크를 가장 싸고 빠르게 건설하기 위해 서울을 중간 꼭짓점으로 하는 X자 형태로 구축하였다. 내륙지역으로의 접근성이 배제되었으며, 특히 한반도의 동서를 연결하는 교통축은 철저히 무시되었다. 따라서 한반도 중앙축, 동서 연결축 등 새로운 회랑 구축이 검토되어야 한다.

특히 한반도의 항만 개발은 한반도 내 산업 클러스터 간의 연계성, 지역경제로의 확장성, 국제무역 거점 조성이라는 방향성이 아닌 개항을 위한 침탈거점, 대륙침략을 위한 군사항만 확보라는 측면이 강조되었다. 항만 개발은 한반도 전체항만의 기능과 배후 산업단지, 국제무역과의 연계성 및 발전 가능성이 종합적으로 검토된 이후, 본격적인 개발이 이루어져야 할 것이다.

2. 교통 SOC간의 연계 및 통합 전략이 필요

철도, 도로, 항공, 수운과 같은 교통수단 가운데 기종점 완결성을 갖는 운송 수단은 자동차를 이용한 도로운송이 유일하다. 철도와 항공, 수상운송은 다른 운송 수단과 연계되어야 수송이 완결되는 특성이 있다.

따라서 특히 공항이나 항만의 경쟁력은 접근 교통수단인 철도와 도로의 충분한 확보에 따라 성패가 좌우되고 있다. 철도와 도로, 철도와 항만, 도로와 항만, 항만과 항공, 항공과 철도 등 다양한 교통수단 간의 연계, 통합 전략이 필요하다.

나진항의 경우, 나진항 내 3개 부두에 10개의 철도 인입선이 부설되어 있다. 이 인입선은 평라선의 단선 철도와 접속되고 있으므로 나진항의 물동량이 증가할 때에 대응이 곤란하다. 또한, 비포장 1급도로와 연계되어 있어서 도로를 통한 신속한 물동량 처리도 어려운 상황이다.

항만이나 공항을 개발할 때 다른 교통수단과의 복합운송이 가능한지, 충분한 수송능력을 가졌는지에 대한 심도있는 검토가 선행되어야 한다.

3. 기존의 합의, 추진되었던 사업과의 조화

남북 간에는 이미 교통 SOC 개발 및 현대화에 대한 적지 않은 합의가 이루어졌다. 도로와 철도사업 중 일부 사업은 완공되었으며, 새로운 현지 조사로 완료된 바 있다. 윤석열 정부는 대북정책의 '이어달리기'를 하면서 성과를 계승하면서 과거의 잘못된 점을 발전적으로 개선할 것이라는 점을 밝혔다.

교통 SOC 개발사업은 투자 규모가 막대하며 자본의 회임 기간도 길다. SOC 특성상 경제성 확보가 어려운 특성이 있다. 또한, 장기간에 걸쳐 합의되었던 수많은 사업은 사회경제적 환경 변화로 인해 향후 경제성 및 효율성 확보가 어려운 사업도 있을 수 있다. 북한의 내부 정책 기조 변화에 따라 투자 우선순위 조정이 필요한 사업과 신규로 시급한 사업이 있을 수 있다.

따라서 남북 간의 SOC 개발 협력은 〈이어달리기〉와 〈발전적 개선〉이라는 두 가지 문제에 대안을 제시해야 할 시점에 서 있다고 볼 수 있다. 정부와 민간기업, 전문가를 중심으로 한 연구, 조사가 요청된다.

4. SOC 개발의 새로운 패러다임이 필요

남북 간 SOC 개발 협력사업은 〈퍼주기〉라는 거대한 개념을 극복해야만 한다. 왜 개발 협력이 〈퍼주기〉가 아닌 〈잘 주고 잘 받기〉 인지에 대한 명확하고 설득력있는 논리개발이 필요하다. 이러한 과정이 없다면 국민적 공감대 확보라는 일차적 관문을 통과할 수 없다. 〈생선을 주는 것〉이 아니라 〈고기 잡는 법을 가르쳐 주는 방식〉, 〈남북 모두에게 상호성, 경제성이 확보되는 방식〉, 〈개발 일변도가 아닌 조화와 균형이 확보되는 방식〉이 충분히 논의되어야 한다.

남측의 재정 능력으로 막대한 재원이 소요되는 북한 SOC에 대한 본격적인 투자는 불가능하다. 해외투자 유치를 통한 다양한 재원조달방안도 강구되어야 한다. 최근에 북한은 SOC 부문에서 많은 변화 움직임이 나타나고 있다. 무료로 운행되었던 고속도로에 통행료를 징수하기 시작하였으며, 주차장 사용 시에도 요금을 부과하고 있다. 또한, 항만과 철도 개발에 러시아 재원을 조달하여 합영 형태의 교통 SOC 회사를 설립한 나선컨트란스 사례도 주목할 만하다.

사업 추진이 중단된 북러 간의 빠베다(승리) 프로젝트(2014년)는 광산 개발과 철도 현대화사업, 항만물류사업이 연계된 패키지 형태의 교통 SOC 사업으로 커다란 변화 가운데 하나로 볼 수 있다. 2015년에 북한에 제안한 〈원산-금강산철도 현대화를 위한 투자제안서〉는 북한의 변화를 보여주는 잣대가 되고 있다. 북한은 개발자에게 철도건설 시 〈시설물 철거 비용 및 토지 비용〉을 부담해야 한다고 밝히고 있다. 또한, 각 비용 항목에 단가를 정확하게 제시하고 있다. 궤도부설시 Km당 단가와 차량의 대당 단가를 공개하고 있다. 이뿐만 아니라 비용 편익 수치를 제시하는 등 과거와는 다른 접근법을 시도하고 있다. 과거와는 다른 새로운 패러다임이 필요하다.

참고문헌

김준기 외, 『조선교통운수사3(자동차운수편), 공업종합출판사(평양), 1991

백과사전출판사, 『조선대백과사전(각권)』, 백과사전출판사(평양), 1995-2001

안병민, 『교과서에 안나오는 북한 교통 이야기』, 통일부 통일교육원, 2014

양지청, 『지역경제 및 사회간접자본』, 청양, 2014

인제대 통일교육선도대학사업단, 『한반도 평화를 보는 12가지 시선』, 늘품플러스, 2020

정인식 외, 『조선지리전서(운수지리)』, 교육도서출판사(평양), 1990

조선백과사전출판위원회, 『광명백과사전17』, 백과사전출판사(평양), 2011

차석칠 외, 『조선지리전서(경제지리)』 교육도서출판사(평양), 1990

한국교통연구원, 『북한지역 시·도별 교통시설 DB』, 2016

제3장

북한에 대한 국제투자 및 금융지원

강 성 진

고려대학교 경제학과 교수

Ⅰ. 들어가며

세계적으로 저개발국에 속하면서 고립된 국가인 북한은 비핵화 문제로 대외관계가 악화하여 있는 상태에 있는 것이 현실이다. 이러한 상황에서 북한의 경제발전을 위한 정책적 대응방안을 제시하는 것은 시기적으로 이른 감은 있다. 그렇지만 대외관계가 개선되어 본격적인 경제성장 및 발전을 위한 대응 방안이 필요할 때 이에 대한 사전적 준비가 필요한 것은 당연할 것이다.

본 연구는 이러한 시각에서 핵과 관련된 문제가 해소되고 본격적인 경제발전 정책을 시행하는 경우를 가정하여 과연 북한에 대한 금융적 차원의 지원이나 투자가 어떻게 이루어질 것이며 이 효과에 대하여 논의해보고자 한다. 특히 그 효과를 파악하기 위하여 북한이 미래에 추구할 것으로 판단되는 아시아 경제체제전환 4개국(중국, 베트남, 캄보디아, 라오스)의 개혁·개방과정과 그 효과를 참고하고자 한다.[1]

2016년 대북 제재 이후 문재인 정부 들어서 지속된 남북정상회담, 북미정상회담으로 대외관계가 회복하는 듯했다. 그러나 최근 지속되는 미사일 발사, 핵 실험 준비 징후 등으로 다시 북한의 대외관계가 악화되고 있다. 국제사회 역시 핵 문제로 인해 대북 제재에 동참하고 있다. 이러한 상황에서 남한을 비롯한 세계 국가들의 대북 경제협력을 논의하는 것은 시기상조라고 비판할 수도 있다. 그렇지만 비핵화에 대한 국제적 대응이 완료되었다고 가정하는 경우 북한의 경제발전을 위한 국제적 투자는 다양한 형태로 이루어질 것이다. 물론 선진국뿐만 아니라 국제기구 등

1 강성진, 「3,000달러 소득을 달성하기 위한 북한 경제성장 가능성과 전제조건」, (남성욱 외 편) 『한반도 상생 프로젝트』, (서울: 나남, 2009), 강성진·정태용, 『경제체제전환과 북한』, (서울: 고려대학교 출판문화원, 2017)

도 다각적으로 북한에 대한 지원이 재개될 것으로 예상된다. 국제사회에서 자본의 흐름은 크게 대외원조(foreign aid), 대외채무(foreign debt), 외국인직접투자(foreign direct investment)와 외국인간접투자(foreign portfolio investment)의 네 가지로 나누어진다(강성진, 2022).

윤석열 대통령도 올해 광복절 경축사를 통해 북한에 '담대한 구상'을 제안하였다. 주요 내용을 보면 북한이 핵 개발을 중단하고 비핵화로 전환 시 대규모 식량 공급, 발전 및 송전 인프라 지원, 항만 및 공항의 현대화, 농업 생산성 제고를 위한 기술 지원, 국제투자 및 금융지원 프로그램 등 대북 지원에 관한 내용을 포함하였다. 과거 이명박 정부의 '비핵 개방 3000'의 정책 방향과 유사하다고 하겠다(강성진, 2010). 다만 이들의 문제는 핵 문제를 포함한 정치적 문제들이 선제적으로 해결되어야 추진이 가능하다는 한계점을 가지고 있다.

북한이 본격적인 개혁·개방정책을 시행하기 시작한다면 북한에 대한 국제투자와 금융지원은 경제발전을 위해 필수적인 과제이다. '담대한 구상'에서 발표된 것처럼 송전 및 발전 시설, 항만, 공항 등과 같은 사회간접자본(SOC)은 북한의 경제발전에 있어서 필수적인 요건이라는 것은 부정하기 어렵다. 그러나 다른 경제개발 초기의 국가들처럼 북한은 자체적으로 SOC 사업에 필요한 자본을 조달할 수 없는 경제적 상황에 있으며, 남한 및 국제사회로부터의 자본 지원이 필요하다.

본 연구에서는 현재까지 북한의 국제투자 및 금융지원에 대한 현황을 고찰하고, 아시아 경제체제전환 4개국 사례를 살펴 북한의 국제투자 및 금융지원 활성화에 요구되는 과제들을 정리하고자 한다.

Ⅱ. 북한에 대한 투자 환경과 현황

북한은 1990년대 사회주의 경제권 붕괴로 투자처를 확대하여 사회주의 경제권 이외의 외국 자본을 활용하여 경제발전을 하고자 하였다. 무차별적 외국 자본 도입으로 체제에 혼란이 발생할 것을 우려하여 경제특구(special economic zone)와 같은 경제개발구를 지정하였으며, 경제개발구를 중심으로 외국 자본을 유치하고자 하였다. 이를 위하여 1991년 나진·선봉을 첫 경제특구로 지정하였으며, 이후 외국인 투자 관련 법 등을 제정하였다. 2022년 현재 총 29개의 경제개발구를 지정하고 있다.[2]

북한은 경제개발구를 통한 국제투자 활성화를 위해 노력하였으나, 북한에 대한 국제적인 투자 및 금융이 활성화되지 못하고 있는 것이 현실이다. 북한의 제한적인 개혁·개방으로 인한 각종 규제, 정치적인 요인에 의한 리스크 등 이유가 국제사회로부터의 대북 투자를 어렵게 하는 요인이었다. 제한적인 대북 투자와 함께 투자 자본이 중국 자본에 크게 의존하고 있다는 점에서도 한계가 있다.[3] 실제 FDI 저량 기준으로 2018년 중국의 대북 투자는 전체 8억 4,671만 달러 중 4억 8,521만 달러로 약 57%로 큰 비중을 차지하고 있다.[4]

북한에 대한 지원의 가능성을 살펴보기 위하여 먼저 현재 상태에서의 북한에 대한 지원현황을 알아본다. 〈표 1〉은 북한에 대한 1인당 공적개발원조(official development assistance; ODA)와 외국인 직접투자(foreign direct investment; FDI) 현황을 제시하고 있다.

---

2 통일부 국립통일교육원, 『2022 북한이해』(2022).

3 정형곤·김지연·이종운·홍익표, 「북한의 투자유치 정책 변화와 남북경협 방향」, 『KIEP 정책연구 브리핑 연구보고서』(2011).

4 이종규, 「북한 외국인직접투자 추세 및 쟁점」, 『KDI 정책연구시리즈』(2001).

북한의 1인당 ODA 추이를 살펴보면 2010년대까지 꾸준히 증가하다 최근 감소하는 추이를 보여주고 있다. 예를 들면, 1990년 1인당 ODA가 0.38 달러에 불과하였으나, 점차 증가하여 2005년에는 3.66 달러에 이르렀다. 그러나 그 이후에는 점차 감소하여 2010년대에서는 3달러 초반에서 2달러 후반대의 수준에 있었으나, 대북 제재 이후 2020년 2.20 달러로 감소하였다.

북한에 대한 FDI 추이를 보면 1990~2000년대 FDI의 유입에서 큰 변화를 보이지 않았으나, 2010년 이후 큰 수준으로 증가하였다가 다시 급속히 하락하였다. 표에서 FDI 유량(flow)은 매년 외국으로부터 북한에 투자되는 FDI 규모를 의미하고, FDI 저량(stock)은 이전부터 계속해서 축적된 FDI를 의미한다. FDI 유량에서 1990년과 1995년 각각 624만 달러와 27만 달러를 기록하였고, 2000년대에는 마이너스를 기록하였다. 그리고, 2010년에는 FDI 유량이 빠르게 증가하여 1,359만 달러를 기록하였고, 2015년에는 7,821만 달러로 증가하였다. 그러나 1인당 ODA와 같이 대북 제재 이후 빠르게 감소하여 가장 최근 2021년에는 1,812만 달러에 이르고 있다. FDI 저량에서는 전반적으로 증가하는 추이를 보여주고 있으나, 2000~2010년대 빠르게 증가하는 추이가 최근에 둔화되고 있음을 보여준다.

이를 종합해 보면 북한의 ODA와 FDI의 추이를 설명해 주는 가장 큰 변수로 작용한 것은 북한의 대외관계로 인한 것으로 볼 수 있다. 이는 2016년 국제사회에서의 대북 제재를 기준으로 ODA, FDI 모두 증가하는 추이에서 감소하는 추이로 변화하는 것을 통해 알 수 있다. 따라서, 국제사회에서 비핵화 문제의 해결을 바탕으로 하는 대외관계 개선은 북한에 국제투자 및 금융지원을 위해 필수적인 조건임을 알 수 있다.

〈표 1〉 북한의 1인당 ODA, FDI 유량 및 저량

항목	단위	1990	1995	2000	2005	2010	2015	2020	2021
1인당 ODA(순)	미 달러	0.38	0.62	3.21	3.66	3.21	2.85	2.20	-
FDI 유량	미 달러 (백만)	6.24	0.27	-2.97	-5.98	13.59	78.21	6.34	18.12
FDI 저량	미 달러 (백만)	7.02	21.23	77.01	178.96	236.12	806.51	921.18	939.30

주: 1995년의 북한의 FDI 유량은 1994년에 해당함.
자료: World Bank, World Development Indicator(https://data.worldbank.org/indicator/DT.ODA.ODAT.PC.ZS, 검색일: 2022.10.28.; UNCTAD, UNCTAD Stat, https://unctadstat.unctad.org/EN/, 검색일: 2022.10.28.

Ⅲ. 아시아 경제체제전환 4개국의 국제투자와 금융지원

북한에 대한 국제투자의 규모와 가능성에 대해 검토하기 위해서 북한이 미래에 추구하고자 하는 경제발전 방향을 먼저 알아보아야 한다. 본 연구에서는 북한의 비핵화 문제가 대내·외적으로 해결되면 북한은 아시아 경제체제전환 4개국과 같이 개혁·개방을 통한 경제발전 전략 수립의 가능성이 있다고 가정하였다. 아시아 경제체제전환 4개국(중국, 베트남, 라오스, 캄보디아)은 정치체제는 유지하며, 경제체제를 중앙계획 경제체제에서 시장경제체제로 전환하였다.[5]

아시아 경제체제전환 4개국의 경제체제전환에 대한 공통적인 동기는 내부적으로 중앙계획 경제체제 실패로 인한 경제난에서 비롯하였으며, 외부적으로는 소련의 해체 등 사회주의 국가의 실패에서 비롯되었다. 이 같은 이유로 중국은 1978년, 베트남, 라오스는 1986년, 캄보디아는 1993년

5 강성진·정태용, 『경제체제전환과 북한』, (고려대학교 출판문화원, 2017).

에 경제체제전환을 시작하였다.

아시아 경제체제전환 4개국은 정치적 안정을 바탕으로 단계적인 개혁·개방을 통해 경제발전을 이뤘다는 점에서 북한이 정권 안정을 우선순위에 두고 있는 만큼 따를 가능성이 크다.

아시아 경제체제전환 4개국은 공통으로 사유화, 자유화, 안정화, 개방화로 특징되는 경제체제전환 정책을 폈다. 특히, 개방화 과정에서 외국인투자법 제정 및 개정, 국제기구 가입 등이 아시아 경제체제전환 4개국의 국제투자와 금융지원을 촉진했다. 외국인투자법, 회사법 등을 통해 외국 자본의 국내 시장에 대한 투자 제한을 해제하였으며, 이는 외국인직접투자 증대로 연결되었다. 그리고, 국제기구 가입을 통해 SOC 사업, 인적자본구축에 필요한 자금을 받고자 하였으며, 이는 아시아 경제체제전환 4개국의 다자간 ODA 더 나아가 FDI의 증가에 크게 이바지하였다.

아시아 경제체제전환 4개국의 국제투자와 금융지원을 얻기 위한 노력의 결과는 〈표 2〉와 같이 경제체제전환 이후 증가한 1인당 ODA, FDI에서 확인할 수 있다.

먼저, 중국의 1인당 ODA는 1990년대까지 증가하다가 그 이후에는 감소하는 추이를 보여주었다. 베트남의 1인당 ODA는 증가하는 추세로 2015년 34.18달러를 기록하였으나, 최근 감소하는 추이로 바뀌고 있다. 이는 중국과 베트남이 ODA를 필요로 하는 경제적 여건에서 벗어나고 있기 때문으로 보인다. 라오스는 1인당 ODA가 꾸준히 증가하는 추이로 경제체제전환 이전 1970년 25.75달러 수준에 머물고 있었으나, 2020년 72.70달러로 크게 증가하였다. 캄보디아도 경제체제전환 이전 1990년 4.60달러 수준에 있었으나, 증가하는 추이로 2020년 82.13달러로 아시아 경제체제전환 4개국 중 가장 많은 1인당 ODA 수혜액을 기록하였다.

다음으로 FDI 추이를 보면 중국은 경제체제전환 이후 FDI가 빠르게 증가하는 추이를 보여주고 있다. FDI 유량이 1980년 5,700만 달러에서 2020년 1,493억 4,200만 달러로 약 2,620배의 매우 큰 수준으로 증가하였다. 베트남은 경제체제전환 이전 FDI 유량이 167만 달러에 불과하였으나, 경제체제전환 이후 1990년 1억 8,000만 달러로 늘어나기 시작해 2020년 158억 달러로 크게 증가하였다. 라오스도 경제체제전환 이전 FDI 유량이 1980년 64만 달러에서 증가하여 2015년 10억 7,700만 달러를 기록하였고, 최근에 감소하는 추이를 보였다. 캄보디아도 경제체제전환 이전 FDI 유량이 1990년 3,300만 달러의 수준에 머물고 있었으나, 경제체제전환 이후 꾸준히 증가하는 추이로 2020년에는 36억 2,500만 달러를 달성하였다.

〈표 2〉 아시아 경제체제전환 4개국의 1인당 ODA, FDI 유량 및 저량

항목	단위	국가	1970	1980	1990	2000	2010	2015	2020
1인당 ODA (순)	미 달러	중국	-	0.07	1.79	1.39	0.50	-0.22	-0.41
	미 달러	베트남	10.04	4.98	2.66	18.59	31.49	34.18	12.00
	미 달러	라오스	25.75	13.86	24.61	43.88	62.28	69.88	72.70
	미 달러	캄보디아	2.69	40.14	4.60	28.43	47.58	43.75	82.13
FDI 유량	미 달러 (백만)	중국	-	57	3,487	40,318	114,734	135,577	149,342
		베트남	0.07	1.67	180	1,289	8,000	11,800	15,800
		라오스	0.10	0.64	6.00	33	278	1,077	967
		캄보디아	0.10	1.00	33	149	1,404	1,822	3,625
FDI 저량	미 달러 (백만)	중국	-	1,074	20,690	193,348	586,882	1,219,930	1,918,828
		베트남	-	9	243	14,730	57,004	102,791	176,911
		라오스	-	2	13	588	1,888	5,433	11,136
		캄보디아	-	38	38	1,580	9,026	21,901	36,903

주: 1980년의 라오스의 FDI 유량은 1977년에 해당함, 1990년의 캄보디아의 FDI 유량은 1992년에 해당함.

자료: World Bank, World Development Indicator(https://data.worldbank.org/indicator/DT.ODA.ODAT.PC.ZS, 검색일: 2022.10.28,; UN CTAD, UN CTAD Stat, https://unctadstat.unctad.org/EN/, 검색일: 2022.10.28.

아시아 경제체제전환 4개국의 FDI나 ODA가 본격적으로 유입되기 시작한 것은 경제체제전환으로 개혁·개방이 진전되어 세계은행(World Bank)을 비롯한 국제기구에 가입과 이들로부터 지원이 있었기 때문이다.[6] 다시 말하면 국제기구에 가입을 한다는 것은 각 국가의 제도가 글로벌 스탠더드에 부합하게 변화가 되었다는 것을 반영하는 것으로 이는 곧 해외투자자들이 안심하고 투자를 할 수 있는 여건이 마련되었다는 것을 의미한다.

아시아 경제체제전환 4개국의 국제기구로부터 지원에 앞서 국제기구 가입에 대해 국가별로 살펴보면 〈표 3〉과 같이 정리할 수 있다. 중국은 1945년 국제통화기금(IMF)과 국제부흥개발은행(IBRD)에 가입을 시작으로 국제개발협회(IDA)(1960), 국제금융공사(IFC)(1969), 아시아개발은행(ADB)(1986), 국제투자보증기구(MIGA)(1988), 국제투자분쟁해결본부(ICSID)(1993), 국제무역기구(WTO)(2001) 순으로 가입하였다.

주목할만한 점은 IMF와 IBRD에 중국이 경제체제전환 이전에 가입하였다는 점이다. 그러나 당시 사회주의 체제를 채택하고 있었기 때문에 국제기구에 가입했더라도 선진국에 의한 ODA나 다국적 기업에 의한 FDI가 본격적으로 유입되기 위한 대외관계나 경제환경이 수립되지 못했다. 국제기구로부터의 실질적인 가입과 지원은 경제체제전환 이후인 1980년대 이후에야 이뤄지기 시작하였다. 이외 나머지 국제기구에서도 경제체제전환 이후 중국에 대한 지원이 본격적으로 이뤄졌다(강성진 외, 2022).

베트남은 1954년 IMF와 IBRD에 가입을 시작으로 IDA(1960), ADB(1966), IFC(1967), MIGA(1994), WTO(2007) 순서로 국제기구에 가입하였다. 베트남도 중국과 같이 경제체제전환이 시작된 1986년보다 앞서 IMF, IDA, ADB, IFC에 가입하였다. 또한, 현 정부 이전에 국제기구

6 강성진 외, 『동아시아 체제전환국 경험으로 본 북한의 SDGs 현황과 전망(최종보고서)』, (한국경제학회-통일부, 2021).

에 가입한 중국의 사례가 베트남에도 동일하게 나타난다. 현재의 '베트남 사회주의 공화국'은 1976년 수립되었으며, IMF, IBRD, IDA, ADB, IFC는 이전 정부인 '베트남 공화국'에서 가입이 이뤄졌다. 이 같은 이유로 베트남 역시 경제체제전환 이전 사실상 가입의 효력이 없는 상황이었다.

라오스와 캄보디아는 중국과 베트남보다 시기적으로는 늦으나, 비슷한 순서로 국제기구에 가입하였다. 라오스와 캄보디아도 IMF의 경우 현 정부 이전에 가입이 이뤄졌다는 특징이 있다.

〈표 3〉 아시아 경제체제전환 4개국의 국제기구 가입연도

국가	IMF	World Bank 그룹					ADB	WTO
		IBRD	IDA	IFC	MIGA	ICSID		
중국	1945	1945	1960	1969	1988	1933	1986	2001
베트남	1956	1956	1960	1967	1994	미가입	1966	2007
라오스	1961	1961	1963	1992	2000	미가입	1966	2013
캄보디아	1969	1970	1970	1997	1999	2005	1966	2004

자료: 저자 직접 작성.

아시아 경제체제전환 4개국은 대부분 경제체제전환 이전 IMF, World Bank, ADB와 같은 국제금융기구에는 가입은 한 상황이었으나, 본격적인 지원은 경제체제전환 이후 개방화가 진전되면서 따라온다는 특징이 있다. 아시아 경제체제전환 4개국 중 베트남 사례에서도 이 같은 내용을 뒷받침한다. 베트남은 1986년 경제체제전환을 시행하였으나, 즉각적으로 World Bank 그룹으로부터 지원이 이뤄지지 않았다. 이로부터 7년 뒤인 1993년 IMF 연체금 상환, 대미 관계 개선 등이 이뤄진 이후 World Bank 그룹으로부터 지원받기 시작하였다.[7]

7 장형수·송정호·임을출, 「다자간 개발기구의 체계 및 활동」, 『경제·인문사회연구회 협동연구총서, 8-8-6』 (2008).

아시아 경제체제전환 4개국에 대한 국제투자와 금융지원 사례를 통해 북한과 관련한 세 가지 시사점을 도출할 수 있다. 첫 번째로 경제체제전환의 시행에 따라 즉시 국제기구 가입과 국제기구로부터의 지원이 연결되지 않는다는 점이다. 두 번째로 경제체제전환 과정에서 개방화를 통해 대외관계가 개선되며, 시장경제체제에 맞는 제도 정비가 뒷받침될 때 국제기구로부터의 지원을 이끌어낼 수 있다는 점이다. 이 같은 두 가지 시사점을 통해 북한이 개혁·개방을 진행할 시 즉각적인 국제기구 가입과 지원을 기대하는 것은 어려움이 있다는 점을 고려해 볼 수 있다. 반면, 북한이 개혁·개방을 통해 대외관계의 개선과 제도의 정비를 지속적으로 뒷받침할 때 국제기구의 가입과 지원이 단계적으로 이뤄질 것으로 예상된다.

마지막으로 국제기구로부터 금융지원이 활성화될 시, 해외 민간 투자 증대까지 이어지는 긍정적인 경제성장 경로가 만들어진다는 점이다. 이는 중국과 베트남의 사례에서 국제기구를 비롯한 양자 및 다자 간 ODA 수혜액의 증가가 경제발전의 기반을 마련하게 하였으며, 이를 바탕으로 최근 ODA가 감소한 반면 FDI가 증가하였다는 점에서 마지막 시사점을 뒷받침한다. 이와 마찬가지로 북한도 국제기구와 협력을 통해 국제사회로부터 점차 신뢰를 회복하고 경제발전의 토대를 마련함에 따라 FDI 증대 등 민간 부분에서의 투자 증대도 기대해 볼 수 있을 것이다.

Ⅳ. 북한에 대한 시사점

북한과의 경제협력을 논의함에 있어서 전제되어야 할 조건이 있다. 바로 비핵화 문제와 김정은 체제의 개혁·개방에 대한 의지이다.

첫째, 비핵화 문제는 한국이나 어느 특정 국가가 해결할 수 없는 문제이다. 북한과 국제사회의 합의가 이루어져야 하기 때문에 아무리 이를 무시하고 경제협력을 하려고 하더라도 어느 한 국가의 의사결정으로는 불가능하다.

둘째, 김정은 체제가 북한경제의 발전전략을 개혁·개방으로 채택해야 한다. 비핵화 문제가 해결되더라도 자동적으로 경제협력이 되는 것이 아니라는 것이다. 앞에서 이미 논의하였듯이 워싱턴 컨센서스식의 개혁·개방정책을 통해 경제발전을 시키겠다는 의지를 보여야 하고 이에 부응하는 제도의 변화가 있어야 한다. 즉, 글로벌 스탠더드에 부합하는 고용, 송금, 투자 인센티브 등이 마련되어 국제투자자들이 위험없이 북한에 대한 투자가 이루어질 수 있도록 해야 한다. 이처럼 두 문제가 해결되어야 북한과 국제사회의 경제협력에 대한 논의가 시작될 수 있고 결국 국제투자가 이루어지는 자본협력에 이를 수 있다.

위의 두 문제점이 해소되어 북한이 국제사회의 일원으로 등장하고 글로벌 스탠더드에 부합하는 제도가 준비되면 본격적인 국제사회와의 경제협력이 논의되기 시작할 수 있다. 물론 그렇더라도 최빈국에 속하는 북한이 다른 국제사회의 국가들과 무역을 바로 하거나 투자를 할 수 없다. 따라서 현재의 경제발전 단계에서 북한과의 경제협력 더 나아가 국제투자가 이루어지게 하려면 단계별로 이루어지는 점진적인 개혁·개방정책을 시행할 필요가 있다. 현재 북한경제 수준에서 가장 먼저 현실적인 지원은 ODA이고 그다음 단계로 FDI 형태일 것이다.

본 절에서는 현재와 같이 대외관계가 악화되어 있고 대북제재가 시행되는 상황에서의 경제협력 방안과 추후 대외관계가 개선되었을 경우를 가정하여 북한에 대한 대외투자나 금융지원 가능성이 무엇이 있는지를 단계별로 검토해 보고자 한다.

첫째, 북한은 2015년도 UN에서 발표한 지속가능발전목표(Sustainable

Development Goals; SDGs)에 대해 최근 여러 관심을 표현하고 있으며, 이를 활용해 현재 상황에서 북한에 대한 제한적인 투자 및 금융지원을 고려해 볼 수 있다. 북한이 회원국으로 있는 유엔 아시아·태평양 경제사회위원회(UN ESCAP)는 2000년대부터 북한의 도로 사업 타당성 조사, 벼 품종 생산 교육 등 프로젝트 등을 진행해왔다(UN ESCAP, 2015). 최근에는 대외적으로 어려운 상황 속에서도 불구하고 북한의 SDGs 달성을 위한 SDGs 자발적 국가 보고서(Voluntary National Review; VNR) 작성에 도움을 주는 등 UN ESCAP의 북한에 대한 지원과 협력이 이어지고 있다.[8] 북한은 VNR를 통해 에너지 설비의 노후화, 자연재해 취약성 등의 문제에 대해 밝혔고, 내부 역량만으로 해결할 수 없어 대외적인 지원이 필요함을 언급하고 있다(Government of DPRK, 2021). 따라서 SDGs를 연계하며, 북한과 국제사회 모두 받아들일 수 있는 분야에서 제한적인 국제투자와 금융지원은 이후 북한이 대외적 협력의 필요성을 느끼게 할 수 있는 마중물로써 기대할 수 있다.

사회간접자본 투자 등과 같이 경제와 직접적으로 연결된 국제투자와 금융지원은 국제사회에서 비핵화 문제가 해결되지 않을 시 승인되지 않을 가능성이 크다. 물론 북한 역시 조건부의 지원으로 인해 받아들이지 않을 가능성이 크다. 따라서, SDGs라는 전 세계적인 의제 속에서 대표적인 예시로 환경 분야에서의 협력을 제안해 볼 수 있다. 국제사회 역시 탄소 절감에 대한 관심이 많으며, 북한도 산림 황폐화 문제가 이미 심각한 수준에 이르렀다. 이 같은 관점에서 북한 산림 복원을 위한 투자 및 금융지원을 고려해 볼 수 있다.[9] 그 외에도 의료·보건 분야도 보편적 지원 분

8 강성진 외, 『체제전환국의 국제기구 진출 현황 및 남북관계 시사점(최종보고서)』, (한국경제학회-통일부, 2022).

9 강성진 외, 『동아시아 체제전환국 경험으로 본 북한의 SDGs 현황과 전망(최종보

야로 현재 대외관계 상태에서도 남북 더 나아가 국제협력이 가능한 분야이다.

둘째, 추후 북한의 대외관계 개선을 바탕으로 경제특구를 통한 효율적인 국제투자 및 금융지원의 활용 가능성이다. 북한의 대외관계가 개선되는 경우 자신들이 채택할 수 있는 발전전략은 전면적인 개혁·개방정책보다는 지역별로 차별화된 정책 즉, 경제특구를 통해 시장경제체제를 단계적으로 도입할 것으로 보인다.[10] 개성공단도 이러한 정책의 일환이라고 볼 수 있다. 강성진(2009)은 이러한 경제발전전략과 상관없이 사회간접자본에 대한 투자를 통하여 북한이 1인당 명목 소득 3,000달러를 달성하는 데 필요한 투자재원을 다양한 시나리오를 통하여 추정해보았다. 이 결과를 보면 매년 약 200억 달러를 10년 동안 투자하면 달성이 가능할 수 있다고 보았다.

북한의 비핵화에 대한 의지가 분명해질수록 앞서 제안한 두 가지 가능성 이외에도 다각적인 북한에 대한 국제투자 및 금융지원 프로그램을 제안해 볼 수 있다. 남북경제협력을 통해 북한에 대한 투자 및 금융지원도 가능하나, 북한 경제개발에 필요한 재원을 단독적으로 조달하기에는 무리가 있다. 북한의 비핵화에 대한 논의가 본격적으로 이뤄지는 경우 아시아 경제체제전환 4개국과 같이 국제사회로부터의 투자와 금융지원이 증가할 것으로 보인다.

아시아 경제체제전환 4개국과 달리 북한은 남한이라는 협력자가 존재하고 있어, 남한과 협력을 통해 국제투자 및 금융지원을 이뤄내고 효율적으로 활용할 수 있는 여지가 있다. 구체적으로 남한이 현재 북한이 미가

고서)』, (한국경제학회-통일부, 2021).

10 강성진, "북한의 성공적 경제체제전환," (정갑영 외 공저) 『한국경제, 혼돈의 성찰』, (서울: 21세기북스, 2019).

입한 IMF, World Bank, ADB, WTO 등 국제기구 가입을 위해 국제사회에서 중재자의 역할을 할 수 있을 것이며, IMF 등 국제기구 가입에 요구되는 통계자료 수집 및 작성 등에도 도움을 줄 수 있다. 특히, IMF는 다른 국제기구 가입에 있어 먼저 가입할 것으로 요구받는 국제기구이며, IMF 가입 조건 중 하나로 통계자료 수집을 요구한다는 점에서 우선되는 남북 협력과제라고도 할 수 있을 것이다.

V. 결론

북한은 최빈국에 속하는 저개발 상태에 있고, 핵 문제와 같은 걸림돌이 있어 대외관계가 본격적으로 개선되기 이전이다. 이러한 상황에서 북한이 가지고 있는 풍부한 노동력과 자원을 이용하기 위한 국제투자나 금융지원이 본격적으로 유입되기는 아직 이르다. 본 고에서는 북한이 처한 상황에서 경제발전전략을 시행하기 위한 다양한 국제투자 및 금융지원의 가능성을 알아보았다. 물론 핵 문제를 포함하여 대외관계가 개선되어 본격적인 개혁·개방이 이루어지고 국제기구에도 가입이 된다면 현재 아시아 경제체제전환국이 경험하였듯이 ODA나 FDI 같은 형식의 국제투자나 금융지원이 상당한 정도로 북한으로 유입될 것이다.

위에서의 논의를 통하여 끌어낼 수 있는 북한에 대한 시사점을 요약하면 다음과 같다. 첫째, 핵 문제와 같은 대외문제가 개선되고 있지 않은 상태에서 북한에 대한 국제투자나 금융지원은 국제적 제약을 최소화하며 북한도 전적으로 참여하는 SDGs와 연계하여 추진해 볼 수 있다. 본 고에서는 남북이 협력할 수 있는 분야로 산림복원과 같은 환경, 에너지 분야와 보건·의료분야를 제시하였다.

둘째, 현재와 같은 대외관계가 미래에 개선이 되는 경우 ODA와 함께 FDI가 본격적으로 유입될 것이다. 이는 국제적 제약이 없이 투자할 수 있게 되면서 북한의 경제발전전략에 따라 다양한 분야에 대한 지원과 투자가 가능할 것이다. 최빈국으로서의 북한에 대한 투자는 경제발전의 핵심 분야이면서 전후방 연관효과가 가장 큰 사회간접자본에 대한 투자가 가장 먼저 이루어질 것이고 북한도 부담 없이 이에 대한 투자를 수용할 것이다. 이는 전면적인 북한 전 지역에 대한 개혁·개방정책을 시행하기 이전에 개성공단과 같은 특정 지역에 대한 집중적인 개혁·개방을 통한 경제 특수적인 발전전략을 시행할 것이기 때문에 북한의 풍부한 노동력을 이 지역으로 유입하여 개발한다면 국제적인 투자도 상당히 매력을 느낄 것으로 판단된다.

마지막으로 아시아 경제체제전환국에 대한 국제투자와 금융지원 형태를 보았듯이 본격적인 ODA나 FDI가 유입되기 위해서는 북한 전 지역에 대한 전면적인 개혁·개방정책이 전제되어야 한다. 더 나아가 ADB나 World Bank와 같은 국제기구와 궁극적으로 세계무역기구(WTO)에 가입하여 글로벌 스탠더드 정책을 수용하고 국제사회에 당당히 참여할 때는 앞에서 논의하였던 아시아 경제체제전환국 이상으로 국제투자와 금융지원이 이루어질 것이고 본격적인 경제발전 단계에 접어들 것이다.

앞에서 논의하였듯이 국제자본의 흐름은 다양하게 이루어진다. 그렇지만 최빈국으로 분류되는 북한에 대한 투자는 ODA가 우선되고 사회 인프라가 어느 정도 구축이 되면 FDI 형태로 국제투자가 이루어질 것이다. 이 경우 자본의 흐름은 한국에서만 이루어질 필요가 없다(강성진, 2019). 물론 초기에는 한국이 전면적으로 나서서 북한과 협력하고 경제발전과정에서의 경험을 공유하면서 다양한 형태의 지원이 이루어질 것이다. 그 단계가 지나고 국제사회에 전면적으로 등장하는 경우 세계 선진국이 막대하게 지원하는 ODA 자금을 비롯하여 다국적기업에 의하여 본격적인 FDI를 통한 국제투자가 이루어질 것이다. 이러한 시기가 곧 오기를 기대하면서 ODA나 FDI가 본격적으로 이루어지기 위한 사전 준비를 충분히 할 필요가 있다.

참고문헌

강성진, "3,000달러 소득을 달성하기 위한 북한 경제성장 가능성과 전제조건," (남성욱 외 편) 『한반도 상생 프로젝트』, 나남, 2009.

강성진, "북한의 성공적 경제체제전환," (정갑영 외 공저) 『한국경제, 혼돈의 성찰』, 21세기북스, 2019.

강성진, 『경제발전론』, 박영사, 2022.

강성진·정태용, 『경제체제전환과 북한』, 고려대학교 출판문화원, 2017.

강성진 외, 『동아시아 체제전환국 경험으로 본 북한의 SDGs 현황과 전망(최종보고서)』, 한국경제학회-통일부, 2021.

강성진 외, 『체제전환국의 국제기구 진출 현황 및 남북관계 시사점(최종보고서)』, 한국경제학회-통일부, 2022.

이종규, "북한 외국인직접투자 추세 및 쟁점," KDI, 정책연구시리즈, 2021.

장형수·송정호·임을출, 『다자간 개발기구의 체계 및 활동』, 통일연구원, 경제·인문사회연구회 협동연구총서, 8-8-6, 2008.

정형곤·김지연·이종운·홍익표, "북한의 투자유치 정책 변화와 남북경협 방향," 대외경제정책연구원, KIEP 정책연구 브리핑 연구보고서, 2011.

통일부 국립통일교육원, 『2022 북한이해』, 2022.

Government of DPRK, 『Democratic People's Republic of Korea Voluntary National Review on the Implementation of the 2030 Agenda』, 2021.

제4장

북한의 식량부족 상황과 대북 식량지원 접근 방향*

김 영 훈

한국농촌경제연구원 명예선임연구위원

* 최근 북한의 식량수급 사정을 살펴보는 한편, 향후 북한에 식량을 지원한다면 어떻게 접근해야 할 것인가 논의하는 차원에서 이 글을 작성하였다.

Ⅰ. 서론

국제사회는 2010년대 중반부터 대북 경제제재를 강화했다. 2020년에는 코로나 감염병의 국내 유입을 차단하기 위해 북한 스스로 국경을 폐쇄했다. 이 상황에서 북한 농업의 문제를 다음과 같이 추론해 볼 수 있다. 식량과 농자재 수입이 감소하거나 중단되었을 것이다. 수입 감소에 따라 식량과 농자재의 공급도 감소했을 것이다. 경제 침체와 농자재 부족으로 농산물 생산 감소가 불가피하며 여건의 변화가 없는 한 식량난은 지속될 가능성이 높다.

실제로 이러한 현상이 나타나고 있는지 알려줄 자료는 빈약하다. 다만 가능한 범위 내에서 식량과 농자재의 수입, 생산, 시장가격 지표를 살펴보고 북한이 겪고 있는 문제 상황을 제한적으로나마 알 수 있다. 또한 북한 정치지도자의 시정연설이나 정치회의 보고자료에 담겨있는 새로운 농정시책, 그리고 관련 법규 제개정 상황 등을 검토함으로써 상황의 엄혹함을 엿볼 수 있다.

최근 대통령의 광복절 기념사(2022.8.15.)를 계기로 대북 식량 지원에 대한 논의가 일고 있다. 윤석열 대통령이 '담대한 구상'을 언급하면서 '대규모 식량 공급 프로그램'을 준비할 필요가 있다고 역설한 것이다. 식량 지원을 지지하는 사람들은 지원을 통해 북한의 식량부족과 우리의 쌀 재고 문제를 동시에 완화할 수 있다는 점을 강조한다. 그 주장의 선의와 지원의 기대효과는 의심할 여지가 없으나 다소 성급해 보인다. 지원 이전에 반드시 있어야 했을 고민이 생략되었기 때문이다. 그것은 '대북 식량지원의 질서'에 관한 것이다.

이 글은 그 고민을 함께 해보자는 목적으로 작성한 것이다. 우리가 대북 식량 지원을 심도 있게 논의할 수 있으려면 지원이 필요한 여러 상황을 구분해내고 각 상황에 맞게 차별화된 프로그램을 구축해야 한다. 거기에 구현된 원칙과 규범 위에서 대북 식량 지원을 추진한다면 국민들의 폭넓은 지지를 얻고 지원의 지속성과 효과도 함께 높일 수 있을 것이다.

이 글에서 다루어질 내용은 다음과 같다. 우선 북한의 식량 수급 실태를 정리함으로써 대북 식량 지원의 필요성을 이해하기로 한다. 둘째, 2000년대에 추진한 대북 식량 지원의 성과와 문제점을 파악하는 한편, 국제사회의 대개도국 식량원조 프로그램과 사례를 검토하고 시사점을 도출한다. 셋째, 식량 지원 목적에 따라 차별화된 식량 지원 프로그램을 구상해본다. 마지막으로 대북 식량 지원을 실행에 옮기기 전 미리 검토해야 할 과제를 살펴보기로 한다.

Ⅱ. 북한의 식량수급 사정

1. 식량 생산과 수급

북한의 식량부족 상황은 2010년대를 넘어 2020년대에도 지속되고 있다. 최근에는 식량 생산이 김정은 집권 초기인 2010년대 초에 비해 감소한 것으로 나타나고 있다. 더욱이 인구 증가에 따라 총소요량도 증가하여 식량 수급 사정은 한층 더 어려워지고 있다. FAO의 생산 추정치 기준으로 보면 최근 2년간 연평균 85만 톤이 부족한 것으로 평가되며, 농촌진흥청 추산 기준으로는 최근 3년간 연평균 138만 톤이 부족한 것으로 평가되고 있다(표 1).[1] 최근 북한의 식량 사정 악화는 경제와 농업의 취약성에

1 이들 부족량 추산치는 다소 과장되었을 수 있다는 점에 유의해야 한다. FAO가 북한의 식량 소요량을 추산할 때 계상한 '수확 후 손실 물량'에는 '절취해 소비한 물량'이 일부 포함되었을 개연성이 있다.

근본 원인이 있으나, 부분적으로는 2016년과 2017년 국제사회의 제재 강화와 2020년의 코로나 고립 심화에서도 비롯된 것이라 볼 수 있다.

〈표 1〉 북한의 식량 생산 및 소요량 추이(2012~2021년)

단위: 만 톤

구분		2012	2013	2014	2015	2016	2017	2018	2019	2020	2021
생산량	농진청[1]	467	480	480	451	482	470	455	461	440	469
	FAO[2]	513	521	526	477	478	452	397	529	489	n.a.
소요량[3]		573	575	578	581	584	586	589	592	595	597
부족량	농진청 기준	106	95	98	130	102	116	134	131	155	128
	FAO 기준	60	54	52	104	106	134	192	63	106	n.a.

1) 농촌진흥청, 북한 식량작물 작황 추정에 관한 보도자료, 각년도
2) FAOSTAT; 단, 2020년 수치는 FAO의 2020/21년 수급 전망치 자료를 차용(FAO GIEWS Update, 14 June 2021).
3) FAO의 2020/21년도 북한 식량소요량 추정치를 이용(FAO GIEWS Update, 14 June 2021). 각 연도 수치는 인구에 비례해 산출.

북한의 농업과 식량 생산에서 우리가 주목해야 할 문제는 잠재 생산능력에 훨씬 미치지 못하는 저생산이 장기적으로 지속되고 있다는 사실이다. 〈표 1〉에서 식량 생산 추이를 보면 2012년 이래 북한의 식량 생산은 전반적으로 감소하거나 침체되어있다. 생산의 침체는 곧 북한 농업이 침체에서 벗어나지 못하고 있음을 의미한다. 더욱 큰 문제는 인구 증가에 따라 식량 소요량이 꾸준히 증가하고 있다는 사실이다. 생산과 공급이 저조함에 따라 북한의 식량 부족 현상은 시간이 지날수록 심화할 수밖에 없다.

최근 국제기구가 수행한 영양실태 조사 결과(FAO, Statistical Yearbook 2021)는 북한의 식량 수급 불균형 상황을 다른 각도에서 보여주고 있다. 즉, 2018~2020년 기간의 평균 영양부족 비율은 북한 전체 인구의 42.4%에 달하고 있고, 이는 FAO 회원국 평균 8.9%보다 훨씬 높은 수준

이며, 과거 2000년대 초보다 더 심화되었다.

2. 생산 증대를 위한 북한의 대응 정책

북한이 장기간 식량부족에서 탈출하지 못하고 있는 요인은 세 가지로 요약된다. 인구에 비해 경지 규모가 절대적으로 협소하다. 자본과 기술의 부족, 집단적 생산 등의 요인으로 식량작물의 생산성이 매우 낮다. 경제 침체로 식량 부족분을 수입하기도 어렵다.

이들 문제 중에서 북한이 최우선으로 추구할 수 있는 목표는 생산성 증대이다. 북한의 식량작물 생산성은 남한의 40~75% 수준에 불과하다(표 2), 그런 만큼 생산성을 높일 수 있는 여지가 크다. 이는 두 가지 방안으로 가능하다. 물질적으로는 자본재 투입과 인프라 확충을 통해서, 제도적으로는 집단주의 대신 개별성과 인센티브 부여를 통해 생산성을 높일 수 있다.

〈표 2〉 북한 농업의 식량작물 생산성 비교

품목	재배면적(천ha)		생산량(천톤)		단수(톤/ha)		B/A(%)
	한국	북한	한국	북한	한국, A	북한, B	
미 곡	777	469	4,165	1,731	5.4	3.7	68.5
옥수수	15	538	74	1,893	4.9	3.5	71.4
맥 류	43	47	109	47	2.5	1.0	40.0
두 류	62	232	103	294	1.7	1.3	76.5
계	898	1,287	4,453	3,966	5.0	3.1	62.2

자료: 통계청, 농림축산식품부, FAOSTAT

북한은 여러 차례에 걸쳐 농업생산자에게 인센티브를 부여하는 농업개혁을 시도했으나 성과를 얻지 못했다. 가장 큰 요인은 자본공급의 부족에 있지만, 만성적 식량부족 그 자체도 무시할 수 없는 제약 요인이다. 식량이 부족한 상태에서 강력한 인센티브제를 실시하려면 농민들에게 더 많은 식량을 분배해야 한다. 추가적인 농민 분배 물량은 시장거래를 활성화하는데 도움이 될 수 있겠으나 국가 수매를 감소시키는 원인이 될 수 있다. 사회주의 체제에서 국가 수매 감소는 배급 감축으로 귀결될 것이고, 이는 사회주의 정권을 위험에 빠뜨릴 지도 모른다. 이러한 이유로 북한의 농정 당국은 농업생산 현장의 인센티브 분배개혁에 소극적일 개연성이 높다. 이는 결국 개혁의 후퇴를 가져오게 된다.

3. 식량 부족에 대한 북한 주민의 대처

1990년대 후반 '고난의 행군' 시기 이래 지금까지 북한 주민들이 겪고 있는 식량부족과 영양부족은 여전하다. 국제식량정책연구소(International Food Policy Research Institute, IFPRI)의 2018년 세계기아지수(Global Hunger Index, GHI)에 따르면, 북한의 기아 상황은 '심각 혹은 그 이상' 단계로서 총인구의 40% 이상이 영양부족 상태인 것으로 보고하고 있다.

이를 뒷받침하는 북한의 식량 배급 지표도 발표된 바 있다(그림 1). 북한의 식량 배급은 대개 수확기인 11월부터 이듬해 5월까지 적절한 수준을 유지하고 단경기인 7~10월에는 감소한다. 그러나 2014~2019년 기간의 배급 실태를 보면 시간이 지남에 따라 식량 배급이 지속적으로 감소하고 있음을 알 수 있다. 당초 북한의 공식적인 평균 배급 목표량은 573g/1인/1일이다. 그러나 2014~2018년 기간에 최고 배급량은 400g에 불과했으며, 2019년에는 배급량이 최고 300g으로 크게 낮아졌다.

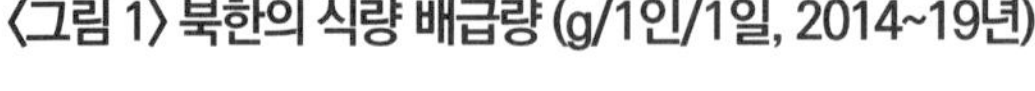

〈그림 1〉 북한의 식량 배급량 (g/1인/1일, 2014~19년)

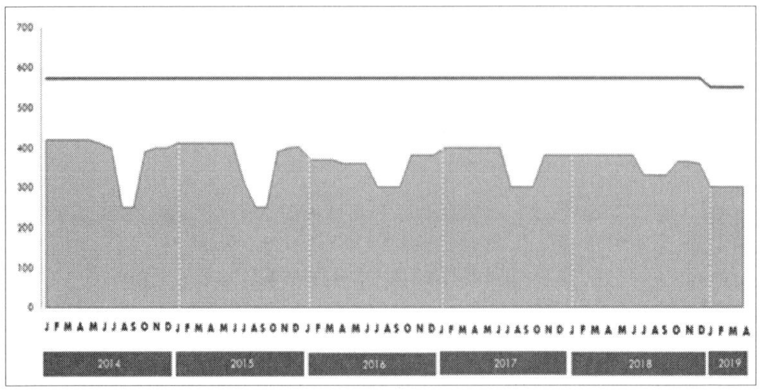

자료: FAO/WFP, 2019.5

가용 식량의 절대적인 부족에 북한 주민들은 나름대로 대처했다. 북한의 소도시나 농촌 주민들은 부족한 식량을 보충하기 위해 텃밭 농사나 소토지 개간에 힘쓰고 있다. 농지를 구할 수 없는 도시 주민은 농촌의 친지로부터 도움을 받는 것이 일반적이며 부족분 중 일부는 시장에서 구입하고 있다. 이러한 대처방안 외에도 많은 가구에서 식사량과 식사 횟수를 감축하는 방법으로 식량부족 상황에 대처하는 것으로 조사되었다.

북한의 식량부족은 도시와 농촌을 막론하고 광범위한 현상이다. 또 오랜 기간 지속되어 이제는 만성화되어 있기도 하다. 획기적인 전환이 없는 한 한동안 해결되기도 어렵다. 식량 부족 문제의 근본적 해결은 북한 경제와 농업의 발전으로 가능하겠지만, 단기적인 해결은 외부로부터 공급에 의존할 수밖에 없다. 이러한 상황 때문에 국제사회와 한국의 식량 지원 여부가 주목받고 있다.

Ⅲ. 국제사회의 식량지원과 대북 지원 과제

1. 한국의 대북 식량지원

한국의 대북 식량 지원은 북한의 식량 위기가 알려진 1995년부터 이루어졌다. 식량 지원은 때에 따라 무상과 유상(차관) 양방향으로 추진되었다. 무상으로는 1995~2007년 기간 동안 총 76만 톤을 지원했다. 이 지원은 1995년 쌀 15만 톤과 2006년 쌀 10만 톤, 그리고 2010년 5천 톤의 남북 양자 간 직접 지원을 제외하고 모두 세계식량계획(WFP)을 경유하는 방식으로 추진되었다. 이 시기 WFP를 경유한 한국의 대북 식량지원은 총 51만여 톤에 달한다. 차관 형식의 유상 지원은 무상 지원보다 규모가 컸으며 2000년부터 시작했다. 유상 지원은 2000년 쌀과 옥수수 50만 톤 지원을 시작으로 2007년까지 6회에 걸쳐 이루어졌다. 2000~2007년 기간 총 유상 지원 규모는 260만 톤이다(표 3).[2]

〈표 3〉 한국의 대북 식량지원(1995~2010년)

연 도	유상(차관)		무 상		계(만톤)
	규 모	지원방식	규 모	지원방식	
1995			쌀 15만 톤	직접지원	15
1995			쌀 15만 톤	직접지원	15
1997			옥수수 5만 톤 CSB 18,241 톤	WFP경유	6.8
1998			옥수수 3만 톤 밀가루 1만 톤	WFP경유	4
2000	쌀 30만 톤 옥수수 20만 톤	직접지원			50

2 2000~2007년 기간 대북 식량 차관은 금액으로 총 8,728억 원이다. 남북한은 매 지원마다 적당한 국제 곡물 가격으로 지원식량 가격을 합의로 결정했다.

연도	유상(차관)		무상		계(만톤)
	규모	지원방식	규모	지원방식	
2001			옥수수 10만 톤	WFP경유	10
2002	쌀 40만 톤	직접지원	옥수수 10만 톤	WFP경유	50
2003	쌀 40만 톤	직접지원	옥수수 10만 톤	WFP경유	50
2004	쌀 40만 톤	직접지원	옥수수 10만 톤	WFP경유	50
2005	쌀 50만 톤	직접지원			50
2006			쌀 10만 톤	직접지원	10
2007	쌀 40만 톤	직접지원			40
2010			쌀 5,000 톤	직접지원	0.5
계	260(8,728억원)		76.6		336.6

주: 1) 민간차원의 소규모 지원은 제외
2) CSB는 옥수수와 대두의 혼합곡물.
자료: 김영훈, 최용호, 북한의 식량안보를 위한 식량지원 프로그램 구축, 농특위 이슈페이퍼, 2021.2.28.

대규모 식량 지원이 집중된 2000~2007년 기간에 한국은 연평균 38만 7,000톤의 식량을 북한에 유무상으로 지원했다. 이 지원은 북한의 식량 위기 시기 커다란 지원 효과를 거두었다. 한국의 식량 지원은 동기간 북한 식량 부족분의 29%에 해당하는 규모이며, 매년 210만여 명의 북한 주민에게 배급량에 해당하는 식량을 제공해 북한의 식량난을 완화하는 데 크게 기여할 수 있었다.

2010년 쌀 5천 톤의 무상 지원을 마지막으로 대북 식량 지원은 더 이상 이루어지지 않았다. 다만, 2019년에 북한의 인도적 상황에 대한 국제기구들의 경고와 요청에 대응해 우리 정부가 지원하기로 결정하기도 했다. 이때 정부는 국제기구(WFP, UNICEF)의 대북 영양 및 보건 지원 사업에 800만 달러(94억 원)를 기탁했으며 쌀 5만 톤도 추가로 지원하기로 계획했다. 그러나 쌀 지원은 북한의 거부로 무산되었다.

북한의 식량 부족 상황은 지금도 계속되고 있다. 따라서 여건이 허락된다면 대북 식량 지원은 재개될 가능성이 있다. 윤석열 대통령도 2022년 8월 광복절을 계기로 '대규모 대북 식량공급 프로그램'을 언급하며[3] 남북대화 재개의 필요성을 시사한 바 있다. 대북 식량 지원을 다시 추진한다면 보완해야 할 중요한 과제가 있다. 보다 질서 있게 추진할 수 있도록 준비하는 것이다. 먼저 무상 지원과 유상 지원을 구분하고, 인도적 지원과 개발협력 차원의 지원을 차별화해야 하며, 지원 목적별로 적합한 지원 프로그램을 구축해 체계적으로 접근하는 것이 중요한 과제이다. 이에 관해서는 먼저 미국을 중심으로 국제사회의 대개도국 식량원조 프로그램을 살펴봄으로써 시사점을 얻을 수 있다.

2. 국제사회의 식량지원

국제사회(한국 포함)는 북한의 식량 위기를 완화하는 데 1995년부터 2012년까지 총 1,200만 톤 이상의 식량을 지원했다.[4] 원조 규모는 해마다 다르지만, 북한은 이 원조를 통해 상당량의 식량을 확보할 수 있었다. 국제사회의 식량원조가 활성화된 시기 북한은 매년 40만 톤 이상, 연간 최대 150만 톤의 많은 원조를 받을 수 있었다. 중국, 한국, 미국, 일본 등 4개국은 전체 대북 식량원조의 80% 이상을 제공했다.

국제사회 대북 식량 지원의 추세적 특징은 한반도 정세와 밀접한 관계가 있다는 점이다. 남북관계가 개선되었던 2000년대 초반에는 지원량이 매우 크다가 한반도 정세가 냉각된 2008년 이후부터는 크게 감소했다. 이 사실은 〈그림 2〉를 통해 확인할 수 있다.

---

3 윤석열 대통령, 2022년 8.15 광복절 기념사.

4 북한에 대한 국제사회의 식량원조는 세계식량계획(WFP)이 취합해 발표했는데, 2012년 이후부터는 공개하지 않고 있다.

〈그림 2〉 국제사회의 대북 식량지원 (1995~2012년)

단위: 천 톤

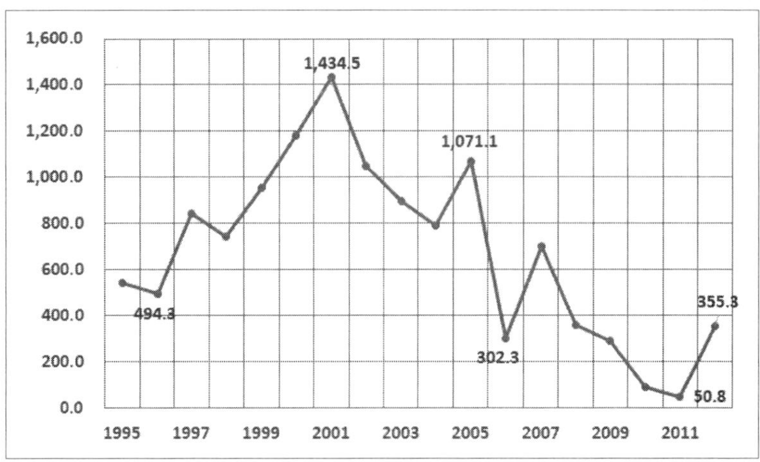

주: WFP INTERFAIS 자료는 2012년도 데이터까지만 제공됨. 본 그림의 식량 품목은 쌀, 옥수수, 밀(밀가루), 옥수수-대두 혼합, 시리얼과 곡물, 기타 10개 항목으로 구성

자료: WFP INTERFAIS

국제사회의 대개도국 식량원조는 대개 추진 목표별로 다양한 프로그램을 만들어 체계적으로 추진되었다. 첫째는 바람직한 식량지원을 위한 규범이다. 이는 세 가지로 요약할 수 있다. 정치적 목적을 위한 식량원조와 공여국의 잉여 식량 처리를 위한 원조를 지양한다. 국제 곡물시장을 교란하지 않고 지역시장 활성화에 기여하는 방식으로 지원을 추진한다. 양자 접근보다는 국제기구를 활용한 다자 접근, 정부의 직접 추진보다는 비정부기구(NGO, NPO)에 위탁 추진을 활용한다.

둘째로 식량 지원의 안정성과 효과성을 높이는 방안을 적극적으로 모색한다는 점을 들 수 있다. 지원을 담당하는 국제기구와 지원단체는 수원국별로 지원에 대한 중장기 전략·정책을 수립하고 이를 국제 네트워크로 공유해왔다. 또한 장기적으로 식량지원 효과의 지속성을 높이기 위해 개발협력과 연계한 지원 사업을 강조하고 있다.

셋째는 식량 지원의 목적을 달성하기 위한 전략을 수립해 접근한다는 점이다. 수원국의 식량부족 실태를 면밀히 조사하고 수원국 정부의 적극적인 협조를 유도해왔다. 또한 지원식량 분배 모니터링 체계를 수립해 일탈을 최소화하려는 노력도 기울여왔다.

마지막으로 체계적인 지원을 위해서 식량 지원 프로그램을 구축해 놓고 있다는 점이 중요하다. 선진 공여국들과 국제기구들은 지원 목표를 다양하게 정해 놓고 차별적으로 지원 프로그램을 운영하고 있다. 개도국에 대한 식량 지원의 역사가 깊은 미국과 세계식량계획(WFP)의 원조 프로그램은 〈표 4〉를 통해 살펴볼 수 있다. 특히 WFP의 식량 지원 사업은 다음과 같이 지원 목표와 지원 프로그램을 1:1로 대응시켜 운영하고 있어 매우 체계적으로 접근하고 있음을 알 수 있다.

- 긴급위기상황의 구호 : 긴급식량원조(EMOPs) 프로그램
- 취약지역 및 취약계층 식량지원 : 만성구호식량원조(PRROs) 프로그램
- 식량자립 역량의 강화 : 개발식량원조(DEVs) 프로그램
- 영양 증진과 기아 단절 : 특별식량원조(SOs) 프로그램

〈표 4〉 지원주체별 지원목표와 지원프로그램

주체	목표	프로그램	방식·사례·비고
미국	기아와 영양실조 감소 지속가능한 농업발전 교역의 확대 지역시장의 발전 갈등의 방지 잉여농산물의 처리	경제개발과 식량안보(T1) 긴급구호와 민간지원(T2) 개발을 위한 식량지원(T3) 진보를 위한 식량지원 (Food for Progress) 교육 및 아동영양 지원 (McGovern-Dole Program)	무상 및 차관 지원 정부 대 정부의 지원 잉여농산물 기부 (WFP,PVO,NGO) 지원농산물의 현지판매 농민 대 농민 지원 지역내 조달 현금 및 바우처 지원 Bill Emerson 신탁

주체	목표	프로그램	방식·사례·비고
WFP	긴급위기상황의 구호 취약지역·계층 식량지원 식량자립 역량의 강화 영양증진과 기아의 단절	긴급식량원조(EMOPs) 만성구호식량원조(PRROs) 개발식량원조(DEVs) 특별식량원조(SOs)	현금 및 바우처 지원 자산 식량 지원 HIV/AIDS 지원 발전을 위한 구매지원 모성보호·영유아 지원 학교급식 지원 우수센터 지원
ECHO (EU)	분쟁·재해 난민 긴급구호 구호인력동원 및 재해예방	(자체 프로그램 없음)	지원수행주체 지원 지원물자의 현지구매 생계지원·보건지원 연계

자료: 김영훈 외, 「대북 식량지원 프로그램 구축 방향」, KREI 연구보고(2015).

Ⅳ. 대북 식량지원 프로그램의 구상

1. 식량지원 상황과 목표의 구분

향후 대북 식량 지원을 추진해야 한다면, 보다 질서 있는 지원이 가능하도록 준비할 필요가 있다. WFP는 다양한 지원 목표에 따라 다양한 프로그램을 구축해 대개도국 식량지원을 추진해왔다. 우리도 상황과 목표를 구분하고 각 목표에 맞는 지원 프로그램을 구축해 체계적으로 지원한다면 식량 지원 효과를 제고시킬 수 있을 것이다. 대개 식량 지원이 필요한 상황과 목표는 다음과 같이 구분할 수 있다.

첫째, 재난 상황이 발생한 경우다. 이 경우에는 피해를 본 이재민의 긴급한 지원 수요에 재빠르게 대응할 수 있어야 한다. 그 상황에 즉각 대응하기 위해서는 '긴급구호 식량지원 프로그램'이 필요하다. 둘째, 일정 기간 동안 꾸준히 도움을 주어야 할 취약계층이 존재하는 상황이다. 국제기구들이 계속 경고하는 바와 같이, 북한에는 영유아, 산모, 어린이, 환자,

노인 등 식량 부족에 더 노출되어 있는 취약계층 인구가 많다. 이들에 집중해 중장기적으로 지원하는 '취약계층 식량지원 프로그램'이 필요하다. 셋째, 개발을 추동하는 데 필요한 식량을 지원할 수도 있다. 민간 및 공공부문의 대북 개발협력사업과 연계하는 중소규모의 식량지원 수요도 있고, 시장경제를 지향하는 경제개발계획 추진에 필요한 자본 형성에 필요한 대규모 식량지원 수요도 있을 수 있다. 이 수요에 대해서는 '개발촉진 식량지원 프로그램'으로 대응할 필요가 있다.[5]

2. 세 가지 식량지원 프로그램의 준비

1) 긴급구호 식량지원 프로그램

면밀한 준비와 경각심이 없다면 어떤 사회에서나 재난이 발생하기 마련이다. 특히 빈곤한 개도국의 재난 발생 위험도는 더 높다. 북한도 해마다 대규모 자연재해를 겪고 있다. 독일의 비정부 환경단체인 '저먼워치'가 발간한 '2013 국제 기후 위험지수 보고서'에서는 북한을 세계에서 7번째로 자연재해에 취약한 국가로 기술하고 있다. 특히, 기상재해에 의한 농작물 생산 저하는 연례적인 일이 되고 있다.

〈참고 1〉은 2007년부터 2020년까지 북한에서 발생한 주요 기상재해를 개략적으로 정리해 놓은 것이다. 이를 살펴보면 기록적인 폭우, 홍수, 태풍, 가뭄 피해가 거의 매년 발생해 인명과 재산에 막대한 손실을 보고 있는 것으로 나타나고 있다. 또 용천역 폭발사고(2004년)나 코로나 감염병의 확산(2022년)과 같은 재난적 상황도 종종 발생하고 있는데, 북한의

---

5 이외에 '화해 촉진과 안보 증진을 위한 전략적 차원'의 대북 식량 지원이 있을 수 있다. 그러나 이는 사전 프로그램이 필요한 것이 아니다. 한편, 일각에서 주장하는 통일 준비 차원의 한반도 중장기 식량수급계획은 '개발촉진 식량지원 프로그램'을 연장하거나 보완해 구상할 수 있다.

폐쇄성으로 인해 국제사회에는 잘 알려지지 않고 있다.

〈참고 1〉 북한의 주요 기상재해와 피해 (2007~2020년)

2007년 : 전국, 홍수와 태풍(나리), 사망 실종 600명, 이재민 90만명, 경지피해 22만ha
2010년 : 전국, 홍수와 태풍(곤파스), 사망 14명, 이재민 12만명
2011년 : 전국, 홍수와 태풍(무이파, 메아리), 사망 68명, 이재민 3만명
2012년 : 전국, 평안남북도, 홍수와 태풍(볼라벤), 사망 231명, 이재민 21만명, 경지 10만ha
2013년 : 평안남북도, 자강도, 홍수, 사망 189명, 이재민 4만9,000명, 경지 13,000ha
2014년 : 전지역, 2014년 3월부터 18개월 가뭄, 식량생산 감소, 18만명 영향
2015년 : 황해남도와 함경남북도, 홍수와 태풍(고니), 사망 61명, 이재민 25,500명 (2년간 황해남북도 논면적 58~80% 피해)
2016년 : 평안북도, 함경북도, 홍수와 태풍(라이언록), 사망 670명, 이재민 14만명, 27천ha
2017년 : 서부 평야지대, 가뭄, 생산 감소, 110만 취약계층의 영양부족 초래, 5만ha
2018년 : 황해남북도, 이상고온, 홍수와 태풍(솔릭), 사망 151명, 이재민 10,700명, 9,900ha
2019년 : 서부 곡창지대, 태풍(링링), 사망 5명, 이재민 6,300명, 46천ha
2020년 : 서부 곡창지대, 기록적 강우, 4차례 태풍 상륙, 2007년에 준하는 피해 발생

자료: 환경부,한국환경산업기술원, 기후변화에 의한 북한의 자연재해 현황, 2019
UN OCHA, DPR Korea, Needs and Priorities 2020, April 2020.
UCSB Climate Hazards Center, GEOGALM Special report, 2020.

재난이 발생하면 긴급구호가 필요하다. 선진국은 국가와 지역사회가 스스로 대처할 수 있지만, 북한을 포함한 개도국들은 국제사회의 즉각적인 개입과 지원을 절실하게 필요로 한다. 남북관계가 경색되지 않았던 시기에는 북한에 재해가 발생하면 소규모나마 긴급 구호지원 사업을 추진할 수 있었다. 우리나라의 대북 긴급 구호지원에 관한 주요 사례를 열거하면 다음과 같다.

- 1995년, 긴급 식량지원
- 2001~2006년, 말라리아 방역 지원
- 2004년, 용천역 폭발사고 지원
- 2005년, 수해복구 지원, 조류인플루엔자(AI) 방역 지원
- 2007년, 수해피해지원, 구제역지원, 산림방제지원, 성홍열지원
- 2009년, 신종플루 방역 지원
- 2010년, 수해피해 지원

긴급구호 프로그램은 대한적십자사의 고유 프로그램으로 이미 잘 구축되어 있다. 이 프로그램에 식량 지원을 중요한 부분으로 포함시켜 보완한다면 긴급구호 식량지원 프로그램을 구축할 수 있다. 긴급 구호지원 사업은 특별한 상황이 아닌 한 프로그램이 구축되어 있고 전문성과 경험을 보유하고 있는 대한적십자사로 일원화하는 것이 바람직하다. 재원으로는 한적 자체 모금과 정부의 남북협력기금 기탁을 활용할 수 있다. 이 프로그램은 예상되는 긴급성과 지원규모를 고려할 때 계획, 모니터링, 평가 작업들을 신축적으로 운영할 필요가 있다. 남북 양자간 사업 추진이 어려울 때에는 국제적십자사(ICRI), 국제적신월사연맹(IFRC) 등 국제기구를 활용할 수도 있다.

2) 취약계층 식량지원 프로그램

WFP는 북한 취약계층 지원에 관해 지속적으로 강조하고 있다. 특히 유아와 어린이를 대상으로 급만성 영양실조 예방, 임산수유부에 대한 우선적 식량 지원 지속 제공, 기타 다양한 유형의 영양 불량에 대한 적극적 대응을 더욱 강조해왔다.

북한 취약 계층을 위한 지원 사업을 한국의 공공부문이 나서서 직접

추진한 사례는 없다. 그러나 민간부문에서는 물자지원을 중심으로 북한의 취약계층을 대상으로 지원 사업을 추진한 사례가 많다. 비교적 중요한 사례를 들자면, 국내 민간지원단체인 'JTS'가 2000년대 초반부터 북한 내에 식품가공공장을 건립해 취약계층을 지원한 사례가 있으며, '유진벨'은 북한의 결핵환자 수용시설에 'Small-Farm-Kit'를 지원하는 사업을 계획하고 시범적으로 시행했던 경험을 가지고 있다. 다만, 정부 차원에서는 오랜 시도 끝에 2016년 WFP의 '모자보건 1,000일 지원사업'에 기금을 위탁해 우회 지원을 실행한 바 있다.[6]

정부 차원에서 북한의 취약계층을 겨냥해 상시적인 식량 지원을 고려한다면, 국내외 단체나 전문기구에 기탁해 운영하는 식량 지원 프로그램을 적극적으로 개발할 필요가 있다. 국내적으로는 대한적십자사를 중심으로 하되, 특별한 경우 대북 취약계층 지원 사업을 추진한 경험이 있는 민간단체를 사업자로 선정해 기탁할 수도 있다. 국외적으로는 국제기구가 운영하는 해당 지원사업에 기탁해 추진하는 방식을 취할 수 있다. 가능한 경로를 통한 시범사업을 우선 추진하되, 모니터링 결과와 사업추진 평가를 통해 파트너와 프로그램을 구체화하는 것이 바람직하다.[7]

3) 개발촉진 식량지원 프로그램

현 상황에서는 멀어 보이지만, 어느 시점에서인가 북핵 문제 해결에 대한 로드맵에 합의하고, 이에 따라 평화 정착 프로세스가 실행에 옮겨지며, 북한이 개혁과 개방에 본격적으로 착수하는 국면의 도래를 기대할 수

6 2019년 6월 11일 우리 정부가 대북 인도지원의 일환으로 남북협력기금 800만 달러를 WFP와 UNICEF에 나누어 송금함으로써 실행에 옮겼다.

7 이 프로그램의 파트너는 민간지원단체, 대한적십자사, WFP, WHO, UNICEF 등 인도지원사업을 전문으로 수행하는 단체와 기관에 한정해야 한다.

있다. 이 경우 대북 식량 지원은 인도적 사업에 그치지 않고 경제협력 사업으로 진일보되어 다루어질 수 있다. 이에 대비해 정부는 북한의 개발과 경제발전을 촉진하기 위한 식량 지원에 관해서도 적극적으로 검토할 필요가 있다.

이에 해당하는 지원은 사업 대상과 규모에 따라 구분해 접근해야 한다. 작게는 민간부문과 공공부문의 개별적인 개발협력사업과 연계해 식량을 지원하는 방안이[8] 있으며, 크게는 국가 차원의 경제개발계획 실행에 자본으로 활용할 수 있도록 식량을 유무상으로 지원하는 방안이[9] 있을 수 있다. 이 경우에 해당하는 식량 지원은 기본적으로 남북 간 협약을 통해서 이루어져야 한다. 이 협약에 포함되어야 할 내용은 식량 지원의 형식(유상 및 무상), 지원식량의 활용 방안, 지원식량 처리의 투명성 등이다.

이상에서 살펴본 세 가지 식량지원 프로그램의 개략적 내용과 비교는 〈표 5〉에서 보는 바와 같다.

〈표 5〉 대북 식량지원 프로그램 구축방향과 비교

구 분	긴급구호 식량지원 프로그램	취약계층 식량지원 프로그램	개발촉진 식량지원 프로그램
성 격	인도적 지원	인도적 지원	개발 지원
목 적	이재민 구호	취약계층 지원	개발 소요자원 지원
규 모	소규모	중규모	소·중·대규모
기 간	단기	중장기	단·중·장기
운영부처	통일부	통일부(외교부)	관련경제부처

8 중장기적으로 황폐산림 복구 협력사업이나 농촌기반 정비 협력사업을 추진할 때 '취로사업용 식량(Food-for-Work)' 지원이 포함된다면 이에 해당된다.

9 'PL 480 Title III'에 의거한 미국의 대개도국 식량 유무상 지원 사례를 들 수 있다. 이를 통해 지원된 식량은 수원국의 경제개발계획 추진에 중요한 재원이나 행정경비로 활용되었다.

구분	긴급구호 식량지원 프로그램	취약계층 식량지원 프로그램	개발촉진 식량지원 프로그램
주체·파트너 (국내)	대한적십자사 기 추진 기관·단체	민간지원단체(지자체) 대한적십자사 정부(다자간 사업)	민간지원단체(지자체) 공공사업단 정부
(국외)	ICRI, IFRC	WFP, WHO, UNICEF	-
사업형식	한적 고유사업 한적 정부위탁사업 한적 다자간 사업	민간 고유사업 한적·민간 정부위탁사업 정부 다자간 사업	민간 개발협력사업 공공 개발협력사업 정부 식량지원사업
재 원	기관·단체의 기탁금 국민성금 남북협력기금	기관·단체의 고유기금 기관·단체의 기탁금 국민성금 남북협력기금	남북협력기금
정부양곡 매각	-	활용	활용
투명성 요구	낮음	높음	매우 높음
유무상 여부	무상	무상	무상, 유상(차관)
계획 필요성	-	높음	높음
평가 필요성	낮음	높음	매우 높음
요청 조건	낮음	높음	매우 높음
협상 필요성	낮음	높음	매우 높음

자료: 김영훈 외, 대북 식량지원 프로그램 구축 방향, KREI, 2015.

3. 기타 고려사항

대북 식량지원 프로그램 구축과 관련해 몇 가지 검토가 사전에 이루어질 필요가 있다. 첫째는 규범 및 제도와 관련된 것이다. 국내적으로는 대북 식량 지원 프로그램 구축과 추진에 현행 법규가 충분한지, 국외적으로는 대외 식량원조에 관한 국제적 규범이 대북 식량 지원 프로그램에 장애로 작용하지는 않을지에 관해 심층적으로 검토할 필요가 있다. 이 검토를 토대로 관련 법규를 보완해야 하며, 국제 규범에 저촉되지 않도록 우회하거나 국제사회를 설득하는 논리적 근거를 준비할 필요도 있다.

둘째는 지원식량의 분배 투명성을 확보하는 문제이다. 과거 대북 식량 지원 사례를 보면, 북측으로부터 개략적인 '분배정형'을 보고받거나 몇몇 분배 현장을 방문해 살펴보고 그것을 모니터링에 상당한 조치로 대체한 바 있다. 그러나 대북 식량 지원을 보다 질서 있게 추진하기 위해서는 지원식량의 분배 과정에 대한 모니터링과 분배 결과에 대한 평가를 정상화할 필요가 있다. 남북관계의 특수성을 고려할 때, 남북한 간 지원 사업에 국제기구가 사용하는 잣대를 그대로 적용할 수는 없다. 그러나 〈표 6〉과 〈표 7〉에 나타나 있는 WFP의 모니터링 수준과 내용을 참고해 진일보한 모니터링 및 평가 방안을 북한측과 함께 마련할 필요가 있다.

〈표 6〉 WFP의 대북 식량원조협약의 조건(2005~08년 사례)

	합의물량(톤)	접근지역(郡)	상주요원(명)	한국계 허용
2005(WFP)	504	158	40	no
2006-08(WFP)	150	50	10	no
2008 물량 - WFP - 미국 NGOs	730 630 100	156 131 25	75 59 16	yes

자료: US CRS, Foreign Assistance to North Korea, Sep. 9. 2009.

〈표 7〉 WFP의 모자보건사업 모니터링 내용(2015년)

매달 200~400개소 방문 모니터링 수행
- 내용 : 수혜기관 및 가구를 방문해 계획대로 배급되는가 모니터 - 기준 : WFP 표준모니터 체크 리스트에 따라 수행 - 원칙 : 수혜자 직접 접촉 모니터링(BCM) - 협조 : 북한 내 사무소를 보유하고 있는 UN 및 국제기구와 협조 - 보고 : 지원 공여국·기관에 분기별로 보고서 제출

자료: Lim, Hyoung-Joon, First 1,000 days of a Child in DPR Korea, 2015년 통일농업전문가포럼 발표자료, 2015. 7.

셋째는 남북 사이에 있는 식량 채권의 처리 방향에 대한 검토와 합의이다. 식량 채권의 처리는 남북한 간 합의를 이행하는 국제법적 행위에 해당하는 사안이다. 그러나 다른 한편으로는 그 처리 방안의 선택 이전에 남북관계의 개선, 남북한의 경제적 능력, 국제사회에서 차지하는 한국의 위상 등을 고려해야 하며, 인도적이며 민족사적인 측면도 고려해야 한다. 요컨대, 여유를 갖고 북한의 채무 이행을 요구함과 동시에 다양한 방식으로 채권채무를 해소할 수 있도록 남북 협의도 촉구해야 한다.

V. 요약 및 맺음말

1990년대 중반 식량 위기 이래 북한의 식량부족 상황은 지금까지 지속되고 있다. 북한은 국내에서 동원 가능한 자원을 식량 생산 부문에 집중적으로 배분하는 것으로 대처해 왔다. 그러나 북한의 식량 생산은 여전히 잠재 능력보다 훨씬 낮은 수준에서 이루어지고 있다. 최근에는 국제사회의 제재 강화와 코로나19 팬데믹 여파로 식량 조달에 대한 불안이 심화되고 있다. 북한이 겪고 있는 장기간의 식량부족 상황을 고려할 때, 남북관계가 개선되면 대북 식량 지원의 필요성이 다시 공론화될 것으로 보인다. 이에 대비해 구체적인 준비가 필요하다.

과거 한국은 1995년에서 2010년까지 북한에 총 330만여 톤에 달하는 식량을 지원했다. 대규모 지원이었음에도 이 시기 지원은 지원 목적, 추진 방식, 모니터링 측면에서 체계적으로 이루어졌다고 볼 수는 없다. 대북 식량 지원이 다시 추진된다면 먼저 개선이 필요하다. 즉, 대북 식량 지원의 원칙과 지원체계를 미리 구축하여 필요시 질서 있게 지원할 수 있도록 준비할 필요가 있다. 가장 중요한 준비는 지원 목적별로 차별화된 프로그램을 구축하는 것이다. 정부 차원에서 긴급 구호지원 프로그램, 취약계층 지원 프로그램, 개발촉진 지원 프로그램을 준비하기를 제안한다.

한편, 사전에 미리 해결해야 할 일도 있다. 남북한 협상을 통해 지원식량의 분배 투명성을 확보할 수 있어야 하며, 과거 식량 지원으로 발생한 채권채무도 해소해야 한다. 이는 국민의 지지 위에서 지원을 재개하고 지원을 지속가능하게 하는 요건이다.

제5장

인도지원과 개발협력

강 영 식

우리민족서로돕기운동 공동대표

Ⅰ. 대북 인도지원의 현황

1. 개요

20여 년이 훨씬 넘는 기간동안 우리 민간단체와 지자체 그리고 한국 정부의 인도적 대북지원은 북한 주민들이 겪고 있는 생존권의 위기를 극복하고 지속가능한 방식으로 북한 동포들의 삶의 질을 개선하여 인간 존엄성 보장을 돕는 데 그 목적이 있었다. 이러한 인도적 활동은 한반도의 평화와 남북 간 교류협력의 확대, 그리고 미래의 평화통일을 준비하는 데 중요한 기반이 되기에 남북 간 정치적 상황과 구분하여 독립적이고 지속적으로 추진되어야 했다.

그러나 남북관계가 진전과 교착, 그리고 후퇴를 반복하면서 대북 인도지원은 남북 간 정치상황에 의해 좌우되어 왔으며 인도주의 원칙 또한 지속적으로 훼손되어 왔다. 문제의 핵심은 대북지원과 남북관계 개선을 어떻게 선순환하는 방향으로 연계할 것인가이다. 이를 위해서는 대북 인도지원활동에 대한 북한의 태도와는 별개로 대북지원의 원칙과 방법에 대한 사회적 합의를 통해 정권의 교체나 정세, 대북정책의 변화에 상관없이 대북지원 활동이 안정적으로 이루어질 수 있는 실질적인 제도와 시스템을 마련할 필요가 있다.

2. 최근 대북지원 활동의 특징

1) 대북지원 활동의 현격한 쇠퇴와 대외신뢰도의 저하

(1) 대북지원의 양적 규모를 떠나 북한과의 협력 관계, 인도적 현안에 대한 아젠다 수립과 국민적 영향력, 모금 활동 등 독자적 민간영역의 유지·확대의 측면 등에서 2019년 하노이회담 결렬 이후 현재까지의 기간

〈표 1〉 한국정부와 민간단체의 인도적 대북지원 현황(1999년~2021년)

(단위 : 억 원)

구분			99	00	01	02	03	04	05	06	07	08	09	10	11	12	13	14	15	16	17	18	19	20	21
			김대중 정부				노무현 정부					이명박 정부					박근혜 정부				문재인 정부				
정부차원	무상지원	당국차원	339	944	684	832	811	949	1,221	2,000	1,432	-	-	183	-	-	-	-	-	-	-	12	-	-	-
		민간단체를 통한 지원		34	62	65	81	102	120	134	216	241	77	21	-	-	-	-	24	1	-	-	-	7	5
		국제기구를 통한 지원	-	-	229	243	205	262	19	139	335	197	217	-	65	23	133	141	116	-	-	-	106	118	-
		계	339	978	975	1,140	1,097	1,313	1,360	2,273	1,983	438	294	204	65	23	133	141	140	1	-	12	106	125	5
	식량(쌀)차관		-	1,057	-	1,510	1,510	1,359	1,787	-	1,505	-	-	-	-	-	-	-	-	-	-	-	-	-	-
	계		339	978	975	2,650	2,607	2,672	3,147	2,273	3,488	438	294	204	65	23	133	141	140	1	-	12	106	125	5
민간차원(무상)			223	387	782	576	766	1,558	779	709	909	725	377	200	131	118	51	54	114	28	11	65	170	23	26
총액			562	2,422	1,757	3,226	3,373	4,230	3,926	2,982	4,397	1,163	671	404	196	141	183	195	254	29	11	77	277	149	31

은 대북지원 역사에서 민간의 활동이 가장 저조하고 대외적 신뢰도가 현격히 저하된 기간으로 평가할 수 있다.

(2) 대북지원 활동이 위기 상황이라고 인식될 만큼 꼬인 이유는 코로나19와 대북제재의 영향이 지대하지만, 남북관계에 대한 북한의 부정적 태도로 인해 북한이 교류협력의 문턱을 높게 잡아놓고 최소한의 민간 대화채널도 단절하였다는 데에 우선 기인한다. 그렇지만 현 상황은 남북 간 교류협력 추진여건이 매우 열악한 상황임에도 응당 추진했어야 할 민간 대북지원 활동의 안정성을 담보할 수 있는 제도화와 노력들을 그간 매우 경시하였다는 점, 그리고 이로 인해 민간부문의 활동력이 현격히 저하되었다는 점을 역설적으로 보여주고 있다.

2) 대북지원 활동에 대한 북한의 최근 입장

(1) 북한은 2019년 하노이회담 결렬 이후 대남관계를 전면 재검토하면서 먼저 대남기구(민화협, 민경련, 종교인협의회 등)의 활동을 중단하였고 2020년 6월 개성연락사무소 폭파 이후 모든 직접적 남북협력사업을 전면 중단하였다. 그리고 코로나19로 인한 북한의 국경 봉쇄와 맞물려 2020년 7월 이후 현재까지 민간의 직접적인 대북지원은 거의 진행되지 못했다.

(2) 북한은 2021년 초 제8차 당대회에서 "남북관계 현 실태는 판문점선언 발표 이전 시기로 되돌아갔다고 해도 과언이 아니다"라고 평가하고 방역협력이나 인도협력, 개별관광 등 우리 측 제안에 대해 "비본질적 문제"라고 부차화하면서 사실상 남측과의 교류협력 추진거부를 대내외에 공식화한다.

3) 최근 3년간 대북지원사업의 특징

(1) 지원 성사 여부와 관계없이 모든 지원사업 추진과정이 비공개, 간접 접촉을 통해 이루어지고 이마저도 남북 직접 합의를 통한 사업 추진이 아닌 해외동포 단체나 해외 단체 등을 통한 간접지원 방식으로 일부 사업만 추진되었다. 특히 남북관계 경색과 여론 악화로 대북지원을 위한 후원자 모금이 어려워짐에 따라 민간단체가 재원을 대부분 지자체와 통일부의 협력기금에 의존하게 되고 또한 중국 현지 방문의 어려움과 물자수송의 불확실성 등으로 물자 구입, 수송과정, 분배과정에 대한 투명성 확보가 현저히 약화됨으로서 민간단체의 독립성과 대외적 신뢰도가 흔들리고 있다는 지적을 비판적으로 성찰할 필요가 있다.

(2) 특별히 지난 20년간 대북지원 민간단체들이 고수하였던 행동규범(Code of Conduct)이 최근 3년 어떻게 변화하였고, 현실과 어떻게 충돌하고 있는지를 객관적으로 평가할 필요가 있다. 또한 대북지원사업자로 함께 규정받고 있지만 소위 고참단체와 신생단체 간의 '조직 성격과 방향, 경험의 차이' 등을 갈등이 아닌 협력의 틀로 어떻게 묶어낼 건지, 대북지원의 유력 행위자로 급부상하고 있는 지자체와 민간단체 간의 관계를 어떤 협업 구도로 만들어가야 할지 등 새로이 제기되는 현실적 현안들에 대해서도 지원 주체들의 진지한 고민과 논의가 필요한 시점이며 동시에 현실에 맞는 지원시스템의 새로운 업그레이드가 필요한 때이다.

Ⅱ. 대북지원의 새로운 방향성에 대하여

1. '생명·인도주의 공동체의 실현'
- 삶의 질의 격차를 해소하고 균형발전을 추구

1) '인도지원'에 대한 북한의 수용 의지가 현격히 약화되었지만, 북한의 인도적 상황은 여전히 '복합적 위기 상황(Complex Emergency)'을 벗어나지 못한 상태이며 남북한 주민들 간의 삶의 질의 격차도 현격하다. 북한은 국제사회의 대북제재, 코로나19로 인한 국경 봉쇄, 그리고 각종 자연재해와 인프라 낙후성 등으로 3중고를 겪고 있으며, 최고지도자의 입으로 경제계획이 현저하게 달성되지 못했음을 자인해야 할 정도로 주민의 삶과 경제의 어려움은 크다.

2) 인도지원이 더 이상 필요없다는 북한과 여전히 인도지원의 필요성이 존재하는 북한, 이러한 모순적인 상황을 타개하기 위해서는 이제 종합적이고 포괄적인 내용이 강조된 새로운 접근이 필요하다.

유엔 북한팀(UN HCT)이 작성한 "2020 북한 필요와 우선순위(2018 DPR KOREA NEED AND PRIORITIES)" 보고서는 북한 주민 약 1,030여만 명이 지속적인 식량 불안정과 영양 부족에 시달리고 있다고 전한다. 또한 유엔아동기금(UNICEF)의 조사 결과에 따르면 북쪽 어린이 170만 명이 치명적인 질병 위험에 노출돼 있고, 생후 6~23개월 어린이 중 최소 필요식을 섭취하는 비율이 26.5%에 불과한 것으로 나타나고 있다. 5살 미만 발육부진 아동 비율은 지난 2009년의 조사 당시 28%에 비해 크게 감소했지만, 여전히 20%에 이르고 있다. 특히 량강도 지역에선 무려 32%에 달하는 것으로 집계되고 있다. 북한 아동의 영양상태는 과거에 비해 호전된 것은 사실이지만, UN의 지속가능개발목표(SDGs)의 달성기준과는 여전히 많은 차이를 나타내고 있다.

3) 앞으로 대북지원 활동의 첫 번째 방향성은 '남북 간 격차 해소와 균형발전을 통한 한반도 생명·인도주의 공동체 실현'이 되어야 한다.

2. '지속가능한 개발협력'과 민관협력의 제도화

1) 대북지원 활동의 두 번째 방향성은 '지속가능한 개발협력의 본격적 추진'이 되어야 한다. 북한이 우리 민간단체의 대북지원 활동에 회의적인 태도로 변화한 것은 그간 우리 정권의 변화에 따라 민간의 사업이 좌지우지되어 지속성과 예측성을 담보할 수 없었다는 데 기인한다. 지난 수년간 힘과 역량을 상실해 나가는 민간단체들을 지켜보면서 북한이 예전과 같이 남측 민간단체들을 중요한 파트너로서 대우하기에는 쉽지 않을 것이다.

2) 결국 민간차원의 대북지원 활동이 다시 힘을 받으려면 민간차원의 활동은 남북 간 정치적 상황과 무관하게 지속가능해야 한다. 이를 위해서는 대북지원과 교류협력에 있어서 민·관 분리접근을 통한 민간분야의 자율성과 독립성이 제도적으로 보장되어야 한다. 현재 민간의 대북지원과 교류사업은 외형상 민·관이 분리되어 있지만, 실질적으로는 정부의 통제가 작용하는 구조가 여전히 지속되고 있다.

3) '지속가능한 개발협력'을 위해서는 우선 민간의 대북지원과 교류활동이 지속가능하고 안정적으로 추진될 수 있도록 법제화가 필요하다. 법제화를 통해 남북 간 교류활동이 안정적으로 추진될 수 있도록 해야 한다.

3. UN의 지속가능개발목표(SDGs)의 북한 내 실현을 위한 국제사회와의 협력

1) 대북지원은 이제는 단기적이고 구호적 성격을 넘어서 경제개발과 함께 인도적 상황을 근본적으로 개선할 수 있는 북한 스스로의 개발역량을 강화할 수 있도록 협력하는 방향으로 전환해 나가야 한다. 이와 관련하여 우리가 주목해야 할 의제는 '2016년부터 2030년까지 15년간 국제사회가 추진할 발전목표'로 설정한 '2030' 지속가능한 개발목표(SDGs·Sustainable Development Goals)이다. 이 의제에 따라 지난 2017년 유엔 북한팀(UN Country Team)과 북한 당국 간에 체결된 「유엔전략계획 2017-2021 지속가능하고 복원력을 갖춘 인간 개발을 향하여」는 우리 민간단체들이 대북지원 방향을 새로이 정립할 때 중요하게 참고하고 반영해야 할 내용을 포함하고 있다.

2) 사실 전략계획 체결 당시부터 대북제재로 인하여 가시적 성과를 거둘 수 있을지는 매우 불확실하였고 최근 상황은 매우 비관적이다. 그럼에도 우리 민간단체는 국제개발협력의 플랫폼이 되고 있는 UN의 SDGs가 북한에서 구현될 수 있도록 국제사회와 협력하고 지원을 이끌어 낼 필요가 있다. 우선 SDGs의 핵심 목표인 절대빈곤의 퇴치와 기아종식, 사회·경제 발전, 환경보호를 위한 북한에 대한 인도적 지원은 대북제재와 무관하게 재개, 확대되어야 함을 국제사회에 설득해야 한다.

3) 특별히 2021년 북한 당국이 UN에 제출한 '자발적국가보고서'(VNR)는 북한이 SDGs를 나름의 방식으로 이행하고 있으며 이를 위해 이행 메커니즘을 수립하였다는 점을 확인시켜준다. 북한의 VNR 보고서는

북한이 SDGs라는 글로벌 규범을 이행할 의지를 가지고 있으며, 실제로 추진하고 있음을 보여준다는 점에서 주목해 볼 필요가 있으며, 앞으로 우리 정부와 민간도 국제사회의 대북지원에 협력하고 역할 분담과 사업 조율을 통해 공동협력의 방향을 모색해야 할 것이다.

Ⅲ. 대북지원 활동의 발전을 위한 몇 가지 당면과제

1. 대북지원 활동의 안정성 보장을 위한 사회적 합의와 법제화

1) 대북지원에 대한 남남갈등의 대표적 요인은 분단으로 구조화된 이념 갈등이다. 하지만 대북지원의 규모가 커지면서 이익 갈등도 함께 중첩되어 나타났다고 할 수 있다. 또한 대북지원 관련 중요 당사자들의 대북지원에 대한 태도, 입장도 갈등을 악화시키는 데 일조하고 있다. 우선 원조 제공자인 우리의 경우에는 여전히 대북지원에 대한 진영 간의 갈등이 존재하고 있으며 원조 수원자인 북한의 경우에는 원조의 효과성과 투명성을 보장하지 못하면서 원조를 제공하기가 매우 어려운 국가(difficult partnership country, DPC)로 낙인찍혔고, 그 결과 대부분의 공여국들이 심각한 원조 피로(aid fatigue) 현상을 겪고 있다. 특히 최근 북한의 '핵능력 강화로의 회귀'는 대북지원에 대한 부정적 여론을 강화시켜 남남갈등을 더욱 악화시키는 요인으로 작용하고 있다.

2) 대북지원에 대한 사회적 합의를 위해서는 우선 대북지원 반대자들의 핵심적 문제 제기에 대한 해결책을 제시해야 한다. 대북지원에 부정적인 핵심적 논거는 지원이 북한 주민들에게 실질적인 도움이 되지 않는다

는 것이기에 대북지원 물자의 분배 투명성과 효과성을 상당 부분 담보할 수 있다면 보수 쪽에서도 상당수가 대북지원에 대해 동의를 할 것이다. 특히 정부의 직접적인 대규모 지원이 남남갈등을 첨예화시키는 핵심적 문제이기 때문에, 정부의 지원정책 개선이 또 하나의 핵심 의제일 것이다. 민간단체의 대북지원은 지원규모도 크지 않으며, 자발적 모금으로 추진되며, 지원 현장에 대한 접근이 이뤄지고, 지원물자가 수혜기관에 전달되는 것이 직접 확인된다는 점에서 남남갈등의 완화 요인이다.

3) 정권의 교체나 남북간 정세의 변화에 영향받지 않고 대북지원사업이 안정적으로 추진될 수 있으려면 이를 제도화하는 것이 필요하다. 이를 위해 대북협력민간단체협의회(북민협)가 제안한 '남북 인도협력에 관한 법률안'을 기초로 관련 법안이 조속히 국회 논의를 통해 입법될 수 있도록 민·관·정의 공동 협력이 필요하다.

남북 인도적 협력에 관한 법률안 주요 내용 (북민협 안)

가. 남북한 간의 인도적 지원과 개발협력을 통해 북한 주민의 삶의 질을 개선하고 동포애를 증진하며 남북 주민 간 신뢰를 구축하여 평화통일을 위한 지속가능한 기반 조성에 기여함 (제1조).
나. 인도협력사업의 범위를 구체적으로 규정하여 논란의 여지를 없앰 (제2조)
다. 인도협력사업은 오로지 인도주의 원칙에 기반하여 중립적으로 이루어져야 하고 남북 상호 간 지속가능한 발전에 기여하는 방향으로 이루어져야 함 (제3조)
라. 정부는 민간단체 및 지방자치단체 대북지원이 자율적으로 추진되도록 보장해야 하며 필요한 경우 기금을 조성하고 기구를 둘 수 있음. 또한 민간단체와 지방자치단체도 대북지원이 공정하고 투명하게 이루어지도록 노력하여야 함 (제4조 및 5조).
마. 인도협력사업에 관한 주요 정책을 심의·의결하기 위하여 인도협력사업 민관협력위원회(민관협력위원회)를 설치함 (제7조)
바. 인도협력사업은 통일부장관의 승인을 득하되 일정 규모 이하 또는 긴급 지원 등은 신고로 갈음함. 승인받은 인도협력사업의 추진을 위한 방북과 물자반출은 포괄적 승인으로 개별 건은 신고로 대체함 (제8조)

사. 법에 부합하는 활동을 하는 민간단체 또는 단체의 연합체에 대하여 남북협력기금을 지원 할 수 있음. (제8조)
아. 정부는 매5년마다 대북지원에 관한 인도협력사업에 관한 기본계획을 수립하고 민관협력위원회의 심의·의결을 거쳐 연도별 집행계획을 수립·시행하여야 함 (제10조)
자. 통일부장관은 대북지원 업무 중 일부를 지자체, 법인, 단체에 위탁할 수 있도록 함 (제11조)

2. 대북지원 관련 시스템의 업그레이드(Upgrade)

1) '대북지원사업자' 제도의 개선과 대북지원사업의 협력사업으로의 포섭

(1) 현재의 대북지원사업자 지정제도는 1990년대 중반 북한의 대기근 시 우리 민간단체들의 대북지원 행위를 통제하고자 했던 당시 정부의 '창구단일화 방침'에 근거하고 있다. 민간의 대북지원은 인도적 차원이라도 정부의 통제하에 있어야 하고 정부가 승인한 단체만 지원행위를 할 수 있다는 전형적 정부 주도 논리에 기반하고 있다.

(2) 1998년, 대북정책에서 '선민후관'을 우선 내세운 김대중 정부 출범 이후 적십자사로의 '창구단일화' 방침은 '창구다원화'로 전환되었지만 20년이 넘는 지금도 여전히 '창구자유화'로 넘어가지 못하고 있다. 현재 400여 개에 이르는 대북지원사업자가 지정되어 있고 특별한 문제가 없는 한 사업자는 앞으로도 계속 증가할 것이다. 사업자 수의 급증에 따라 사업자 지정제도의 효과성에 대한 문제 제기와 함께 사업자라는 '라이센스'가 기득권이 되어버려 대북지원 시스템을 오히려 왜곡해 버린다는 부정적 인식이 높아지고 있다. 이에 사업자 지정제도의 개선 방향에 대한 관련 주체들 간의 진지한 논의와 판단이 필요한 시점이다.

〈표 2〉 대북지원사업자 현황

구 분	1999~2007	2008~2016	2017~2022	소 계	비고
민간단체	69	35	46	150개	
지방자치단체			243 (광역 17 / 기초 226)	243개	기지정 12개 지자체 外 231개는 "21.9'14 일괄 지정
합 계	69	35	288	393개	

(3) 대북지원사업자 지정제도를 폐지한다 하더라도 대북지원 관련 법률안 제정과 교류협력법에 대북지원을 협력사업의 하나로 포섭한다면 대북지원 사업추진 과정에서 발생할 수 있는 법적 문제를 해결할 수 있다.

2) 현행 물자반출 및 방북 제도의 개선

물자반출과 방북에 대한 통일부의 승인제도를 전향적으로 개선할 필요가 있으며 중장기적으로는 민간의 대북지원 활동 전반을 민간자율성에 기반한 '신고제'로 전환해야 한다. 우선 향후 대북지원이 중장기적 개발협력사업으로 전환할 것이라는 점을 염두에 두고 또한 민간활동의 자율성과 안정성 보장을 위한 하나의 방안으로 기존의 'Positive' 방식의 건별 물자반출승인 시스템을 'Negative' 방식의 포괄적 승인시스템으로 전환할 필요가 있다. 이는 방북승인 시스템에도 해당된다.

3) 남북협력기금 지원 원칙과 방식의 재정립

(1) 2021년 1월, '인도적 대북지원사업 및 협력사업 처리에 관한 규정' 개정을 통해 민간단체 기금 지원 횟수(연 1회에서 3회) 및 지원 비율(전체 사업비의 50% 범위에서 70% 범위)을 확대하고 이어 몇 년간 중단된 민간단체에 대한 남북협력기금 지원을 재개한 것은 가시적 성과로 평가할 수 있다.

(2) 그러나 남북 간 교류협력 전반의 중단으로 지원기금의 집행률과 그 효과성은 그다지 높지 않았다. 오히려 북한의 '남측 지원수용 불가'라는 방침과 우리 정부의 민간에 대한 기금 지원 방침이 부딪혀 그나마 조심스레 진행되고 있던 대북지원 활동에 부정적 영향을 끼쳤다는 일부의 지적은 참으로 아이러니하다. 특히 기금 지원의 공개 여부는 국회에서도 논란이 되는 사안으로 공개 방법과 공개 수준은 여전히 민간과 정부 간에 논란이 되고 있는 사안이기도 하다.

(3) 남북협력기금은 공적기금이며 따라서 그 사용처가 투명하게 공개되어야 하는 것이 원칙이다. 그러나 남북관계의 특성상 정부만이 아니라 민간도 일부 영역에서는 비공개로 기금이 집행될 수도 있다. 비공개란 집행내용의 대외적 비공개를 의미하지 집행과정에 대한 정부의 감독을 면한다는 것을 의미하는 것은 아니다. 협력기금이 '눈먼 돈'이 아닌 지원사업의 의미있는 '종자 돈'이 될 수 있도록 지원주체들 간의 진지한 논의가 필요하다.

(4) 남북협력기금의 효과적 집행을 위해 다음의 지원방식을 검토할 필요가 있다.

구분	지원 비율	지원 내용	비고
긴급재난 지원사업	50%	물자구입비 + 수송비	긴급 재해지원
일반 구호지원사업	- (단, 물류비 50% 지원)	수송비 및 조작비 등	일회성 구호지원
개발협력사업	70%	사업비 + 운영비	중장기 개발협력사업 (민간과 지자체 컨소시엄 장려)
전략 추진사업	100%	사업비 + 운영비	민관 합동의 전략적 개발협력사업

(5) 민간단체와 지자체 연대사업에 대한 기금지원의 경우 지자체 재원을 전체사업비에서 제외하는 현행 방침은 재고될 필요가 있다. 그간의 경험에서 민간과 지자체 간의 협력을 통한 협력사업들이 북측의 수용성과 함께 실질적 성과도 매우 컸다는 점에서 오히려 기금지원 폭을 확대하여 정책적으로 이를 장려할 필요가 있다.

4) 남북 간 물류시스템과 3통(통행, 통신, 통관)의 안정화

(1) 대북지원의 원활한 추진을 위해서는 남북 간의 3통(통행, 통신, 통관)을 안정화하는 것이 중요하다. 특히 대북지원사업을 재개, 확대하려면 제제와 관계없이 안정적인 물자 전달과 인적 왕래 시스템을 확보하는 것이 전제되어야 한다. 최근 경험한 바와 같이 중국을 통한 물자 지원은 국제사회의 대북제제와는 또 다른 차원에서 큰 질곡으로 작용하고 있다.

(2) '평양공동선언'에서 합의한 바대로 "교류와 협력을 더욱 증대시키고, 민족경제를 균형적으로 발전시키기 위한 실질적인 대책의 강구"의 첫 번째가 육로의 개방일 것이다. 우선적으로 경의선과 동해선 구간의 비군사적 분야의 통행과 통관 관할권을 유엔사로부터 이관받아야 하고 남북 공동으로 단일 CIQ를 운영하는 방안도 추진할 필요가 있다. 이를 위해서는 육로(개성, 금강산 육로, 경의선)와 해로(서해항로, 동해항로)를 통해 물자가 반출입이 이루어지고 인원이 왕래할 수 있도록 소위 '남북 간 교류협력 물자의 수송과 인원 왕래에 관한 남북당국 간 합의'를 우선적으로 추진해야 한다.

5) 공적 지원기관 설립

(1) 지속가능한 대북지원과 교류협력을 위해서는 남북교류협력 플랫폼을 새롭게 개선·정비하고 이를 제도화할 필요가 있으며, 그 일환으로 남북교류협력 전문성을 토대로 현장과 실무를 중심으로 이를 적극 관리·지원할 수 있는 남북교류협력 전문 지원기구 설립이 필요하다. 남북교류협력 전문 지원기구를 통해 교류협력 주체들 간의 협력을 제도화하고, 북한의 독점기구로부터 우리 교류협력 주체들의 권익을 적극 보호함으로써 남북교류협력 효율성·효과성을 제고해 나갈 수 있을 것이다.

(2) 지원기관은 정부의 단순한 업무 위탁이나 이행기구에 머무르지 않고 자율적이고 독자적인 업무영역을 확보함으로써 민간협력을 기반으로 한 민간의 자율적 대북지원과 교류협력을 실질적으로 담보해 내는 역할을 담당해야 한다. 중장기적으로는 주요 교류협력사업 영역마다 사업을 촉진시키고 보장하는 각각의 관련 법률이 제정되고 각각의 협력사업을 제도적으로 지원하는 공적 기구들이 설립되는 것이 바람직하나 당장 예산과 인력을 수반하는 공적 기관을 여럿 설립하는 것이 용이하지 않을 것이기에 우선 현재 의원입법으로 발의되어 있는 (가칭)'남북교류협력재단' 설립 근거 조항을 신설하는 교류협력법 개정안을 토대로 관련 주체들 간의 논의와 공동협력이 필요하다.

3. 북한 개발협력사업의 본격 추진을 위한 민간 간, 민관 간 공동 노력 추진

1) 민관협력과 단체 간 컨소시엄 방식의 중장기적 개발협력사업 발굴·추진

(1) 향후 북한이 개별 민간단체와 지자체들에 추진하고자 하는 사업들을 대부분 수용하거나 균형적으로 추진할 가능성은 매우 희박하다. 본격적인 대북사업 재개에 대비하여 북한의 수용성이 높은 중장기적인 개발협력사업들을 관련 주체들 간의 공동 컨소시엄 방식으로 추진할 필요가 있다. 그리고 이 컨소시엄들은 북한이 8차 당대회에서 천명한 경제개발 5개년 계획과 융합할 수 있는 개발사업의 모델을 단체 간 공동의 연구를 통해 프로젝트화 하고 이를 우선적으로 북한과 협의해야 한다.

(2) 현재 남북 간 교류협력의 현실적 장벽으로 맞닥뜨리고 있는 코로나19 퇴치를 위한 남북 간 공동협력이 무엇보다 우선될 수밖에 없다. 남북 모두 코로나19가 초래한 국가적 위기를 남북관계 발전의 기회로 만들어야 한다. 우선 단기적인 코로나 방역·진단·치료에 대한 전반적인 지원협력을 통해 중장기적인 남북 간 보건의료 협력의 제도화의 기반을 구축해 나가야 할 것이다.

(3) 보건의료분야 남북 간 협력의 제도화는 단순한 당국 간 회의의 정례화가 아니라 남북 간 '한반도 감염병 관리기구'를 공동으로 설립, 운영하고 '보건의료협력 및 재난대응에 관한 남북공동협정' 체결 등을 통해 한반도를 하나의 생명공동체로 만들기 위해 남북이 연합한다는 것을 의미한다.

2) 대북지원 주요 영역별 민관협업 플랫폼 구축

(1) 민간의 자율적 참여와 창의성을 극대화하고 민관협력을 실질적으로 가동하기 위해 분야별 플랫폼을 설치, 각 주체별 합의에 기반한 대북지원 정책을 수립·집행해 나가야 한다. 2021년 11월, 6개 분야의 대북보건의료협력 주체들이 모여 '한반도 보건의료협력 플랫폼'을 구성한 바 있는 데, 이 플랫폼은 대북 보건의료협력 관련 모든 의제를 상시적으로 논의·조율하는 열린 방식의 융합 플랫폼을 지향하고 있다.

(2) '한반도 보건의료협력 플랫폼' 같은 지원주체들 간의 체계적이고 지속가능한 협력을 담아내는 다자간 플랫폼을 보건의료 이외에도 대북지원의 주요 영역으로 확대 운영할 필요가 있다. 대북지원관련 모든 의제들을 상시적으로 논의하는 이러한 플랫폼들은 향후 북한과의 공동협력의 주체로서 기능할 수도 있을 것이다. 우선적으로 '기후위기 협력'과 '식량안보와 농업개발', '사회개발과 인적역량 강화' 등의 분야에서 이러한 플랫폼을 운영할 수 있을 것이다.

3) 북한의 오너십 존중과 상호책임성 강화 – 남북 공동의 협력기구 설립·운영

(1) '지속가능한 개발협력'의 핵심은 북측 수혜기관의 역량 강화에 도움이 되는 방식으로 개발협력사업이 추진되어야 한다는 점이다. 이는 수원국의 주인의식(Ownership)과 상호 책임성(Mutual Accountability)을 강조한 국제개발협력의 흐름과도 맥이 닿아 있다. 발전된 협력방식으로 주요 영역(식량과 영양안보 / 보건의료 / 사회개발 / 재해 및 기후변화 등)에서의 남북 공동협력기구 설립을 검토할 때이다. 2018년 '9월 평양공동선언'에서 "남과 북은 전염성 질병의 유입 및 확산 방지를 위한 긴급

조치를 비롯한 방역 및 보건·의료 분야의 협력을 강화하기로" 합의한 바 있다. 이는 단순한 물자 협력방식으로 진행되는 것이 아니라 결핵, 말라리아 등 전 세계적인 문제로 대두되고 있는 각종 감염병과 수의방역 문제에 대해 남북이 공동 관리 기구를 구성하여 중장기적 목표를 가지고 체계적으로 대응해 나가야만이 가능한 일이 될 것이다.

(3) 이러한 방식의 협력프로젝트는 남북한 추진 주체들의 조정역량과 사업추진 역량을 강화하여 향후 남북 협력의 방식을 한 단계 높이는 계기가 될 뿐 아니라 남북통합의 과정을 미리 연습할 수 있는 기회이기도 하다. 이러한 시도가 결국 주민 생활의 측면에서도 남북 간 평화를 만들어 가는 노력이 지속적으로 필요하고 그것이 곧 주민 생활의 향상에도 도움이 된다는 점을 일깨워 줄 것으로 기대할 수 있다.

(4) 남북 공동의 협력기구 설립·운영의 원칙은 G.O.L.F로 요약할 수 있음.

- Goals : 남북이 사업의 공동 목표(한반도판 SDGs)를 합의하고,
- Organization : 이를 실현하기 위한 공동의 조직을 구성하며,
- Law : 남북 당국은 공동 조직의 활동을 법률로 보장하고,
- Fund : 안정적 재원 확보를 위해 공동으로 노력한다.

4) 핵심사업 전반에 대한 제재 면제를 위한 민관협력과 국제캠페인

(1) 대북지원에 있어 국제사회의 대북제재가 여전히 큰 장애물로 작용하고 있다. 미국과 유엔이 주도하고 있는 대북제재의 틀은 북한의 전향적 자세전환이 없는 한 갑자기 완화될 수 없지만, 제재완화를 위한 노력 그 자체는 남북관계 진전을 위해 중요하다. 특히 대북제재의 의도하지 않은

영향(unintended impact of sanction)을 국제사회에 강조해서 설명할 필요가 있다.

(2) 지원단체들이 지속적으로 분야별 제재면제신청을 추진 중에 있고, 이 과정에서 한국 민간단체의 대북지원 필요성에 대한 공감대가 UN에서 한층 확대되었음을 확인할 수 있다. 그리고 앞으로는 면제의 범위를 단순히 인도적 지원사업에 국한하지 말고 한반도 및 동북아 평화와 안정에 기여하는 비영리 공공인프라 사업, 그리고 다양한 교류협력사업의 영역 등으로 확대할 필요가 있다. 또한 민간의 제재면제 승인절차에 대한 밀착지원과 국제기구 및 국제NGO와의 협력, '제재만능 프레임'에 대한 국제적 여론 환기 캠페인 등을 위해 뉴욕과 워싱턴에 민관 및 다자간 협력 오피스를 설치하는 문제도 고민해야 한다.

Ⅳ. 대북지원과 교류협력은 평화구축의 핵심이다

1) 앞으로도 상당 기간 남북관계 개선이나 각종 협력사업들이 제대로 실행될 수 있을 것인가에 대한 회의적 시각이 득세하고 있다. 그럼에도 남북 간 합의사항을 준수하고 교류협력을 재개할 수 있는 현실적인 방안을 선제적으로 제시함으로써 성과와 신뢰를 쌓는 계기를 마련해야 하는 것은 여전히 우리 정부와 민간의 몫이다.

2) 또한 우리 민간은 조급해하지 않으면서 꾸준히 준비하고 동시에 북한의 태도 변화를 전방위적으로 설득해 나가야 한다. 특히 정치·군사적 근본문제의 우선적 해결을 주장하면서 교류협력을 비본질적인 문제로 치

부하고 있는 북한의 태도를 변화시키기 위한 각별한 노력이 필요하다. 한반도의 평화는 두 개의 축으로 달성 가능하며, 정치·군사적인 신뢰구축이 그 하나라면 각 분야의 다양한 남북 교류협력이 또 하나의 축이다.

3) 25여 년 전 민간차원의 대북지원 활동이 남북관계의 새 지평을 여는데 중요한 기반이 되었듯이 지금의 어려운 상황을 다시 우리 민간단체들의 힘으로 돌파해 낼 수 있도록 '낙관적 의지'를 가지고 각별한 노력을 기울여야 할 때이다.

제6장

북한 사회 문화 변화 전망과 대응

전 영 선

건국대학교 통일인문학연구단 교수

Ⅰ. 2019년 이후 북한의 키워드 '애민'과 '애국'

2022년 북한 체제는 2021년 노동당 제8차 대회 이후의 기조를 유지하고 있다. 노동당 제8차 대회는 2019년 하노이 회담 이후로 계속된 위기 상황 속에서 노동당을 중심으로 내부 체제를 공고히 해야 하는 상황에서 개최되었다. 대내외적인 위기 상황이 개선되지 않은 상태에서 당의 정책을 믿고, 따르도록 하는 것이 최우선 과제가 되었다.

대내적 위기 속에 개최한 2021년 노동당 제8차 대회 이후 북한 체제의 키워드는 '국가'이다. 어려움 속에서도 국가를 믿고, 당을 따라 가자는 것이다. 이를 이데올로기로 격상한 것이 '우리 국가제일주의'이다. '우리 국가제일주의'는 2017년 처음 등장하였다. 이후 국가상징에 대한 사랑, 애국주의와 연결되어 강조되었다. 그리고 2019년 체제 이념으로 격상되었고, 현 시대를 '우리 국가제일주의 시대'로 규정하였다.

'우리 국가제일주의 시대'에서 국가는 수령의 '애민' 정책을 구현하고, 인민은 수령이 만들고 지킨 나라에 대한 윤리로서 '애국'의 실천을 요구한다. '인민대중제일주의'이다. 대내외적인 상황이 어려워지면서, '인민대중제일주의'를 앞세웠고, 마침내 '인민대중제일주의'에 '정치'를 붙인 '인민대중제일주의 정치'를 김정은의 독특한 정치방식으로 확장하였다. 2021년 10월 10일 당 창건일을 기하여 '인민대중제일주의'를 김정은의 사상으로 규정하였다. 최고지도자의 '애민'사상은 김일성의 '이민위천'으로 시작하여, 김정일을 거쳐 김정은의 인민대중제일주의로 이어졌다고 규정하였다.[1]

수령의 모든 정치는 '인민 사랑'에서 출발하였고, 인민 사랑의 구체적인

---

1 「인민대중제일주의정치로 백승을 떨치시는 위대한 우리 령도자 력사의 분수령에서 더 높이 울린 이민위천의 선언」, 『로동신문』, 2021. 1. 28.

실천은 '노동당'을 통해 구현되고 있기에, 당원들은 모든 정책의 중심으로 인민에게 둔 수령의 인민사랑 실천자로서 헌신할 것을 요구하고 있다.

김정은의 인민대중제일주의로 강조하는 분야는 '국방', '보건', '식량', '문화'이다. '인민의 생명을 위협하는 외부에 대한 대응으로 인민의 안전 확보', '비상방역법 등의 제정을 통한 방역 강화', '먹거리 문제 해결을 통한 불안감 해소', '살림집 건설을 중심으로 한 사회주의 이상 도시 건설', '삼지연 건설·양덕온천문화휴양지구 건설을 비롯한 사회주의 모범 농촌 건설로 농촌 발전의 본보기 제시', '새로운 형식의 공연과 연출로 자체적 문화대응력 제고' 등으로 구체화 되었다.

'우리 국가제일주의'가 수령의 인민에 대한 사랑의 구현이라고 한다면, 애국은 인민의 수령에 대한 윤리이자 도덕이다. '우리 국가제일주의'를 표방하면서, '애민정치'로 수령의 리더십을 강화하면서, 인민들에게는 수령의 애민에 대한 대응으로 애국을 '의무(義務)'이자 도덕으로 '우리 식 사회주의'를 지키며, 국가에 대한 애국을 보여주고 실천할 것을 요구하고 있다.

Ⅱ. 사회문화 정책 동향

1. 사회문화 정책 기조

북한은 2022년을 당의 영도에 따른 '우리식 사회주의의 전면적 발전'을 위한 투쟁의 해로 규정하고 시작하였다. 2022년을 목전에 둔 2021년 12월 27일부터 31일까지 노동당 제8기 제4차 전원회의를 개최하였고, 2022년 1월 전원회의 결과를 보도하면서, 2022년을 '당중앙위원회 전원회의 결정의 관철과 우리식 사회주의의 전면적 발전'을 위한 투쟁의 해로 선언하였다. 이후 전원회의 결정 관철을 위한 각종 대회를 연이어 개최하였고, 위기 상황에 맞추어 전원회의를 개최하면서, 김정은의 개인적인 리더십이 당을 통하여 구현되고 있다는 것을 보여주었다.

2. 보건의료 분야

2020년 이후로 코로나 팬데믹이 끝나지 않은 상황이다. 2022년에도 비상방역 상황으로 규정하면서, 강력한 봉쇄 조치로 대응하였다. 2021년 연말에 진행한 제8기 제4차 전원회의 결정에 따라서 2022년에도 '비상방역을 국가사업의 제1순위로 둘 것을 결정하였고, 2022년 1월 중국 베이징에서 개최된 제24차 동계올림픽대회에 '적대 세력들의 책동과 세계적인 대유행 전염병 상황으로 인해 경기대회에 참가할 수 없게 되었다'면서, 국경 봉쇄의 기조를 유지하였다.

2022년 이후 북한 보건의료 분야의 기조는 다음과 같다.

첫째, 자력갱생 기조의 유지이다. 방역 강화에 필요한 물질기술적 수단을 갖추는 사업을 자력갱생·자급자족의 원칙으로 대응하는 한편으로 선진적인 방역기술을 적극 받아들이고 우리식의 방역수단과 방법을 탐구할 것을 요구하면서 코로나 팬데믹의 장기화에 대비하였고, 국제 사회의 백신 지원 등에 대해서도 '아직 사람들에게 절대적으로 안정된 생활환경에 대한 낙관을 가져다주기에는 너무도 불충분'하다고 하면서, 거리두기와 마스크 착용, 손씻기 등의 방역 규정을 강조하였다.

둘째, 코로나 환자 발생 인정과 대남 비난으로의 연계이다. 북한은 2022년 5월 12일 새벽에 중앙위원회 제8기 제8차 정치국회의를 개최하여, 코로나19 감염자가 발생하였음을 처음으로 공개하였다. 이후 국가방역체계를 최대비상방역체계로 전환하였고, 2022년 8월 11일에 개최된 전국비상방역총화회의에서 김정은은 '최대비상방역전의 승리'를 선언하였다. 주목할 점은 코로나 환자 발생의 원인으로 남한을 지목한 것이다. '전국비상방역총화회의'에서 김여정은 '전선 가까운 지역이 초기발생지라는 사실은 남조선 것들을 의심하지 않을 수 없게 하였으며 경위나 정황상 너무도 명백히 한곳을 가리키게 되었는 바 색다른 물건 짝들을 악성비루스 류입의 매개물로 보는 것은 당연하다'며, 유입 경로로 남한을 명확히 지목하였다.

셋째, 보건의료와 관련한 법령을 정비하고, 새로운 법령을 제정하면서 코로나에 대응하였다. 2020년에 제정한 「비상방역법」을 2022년 5월에 최대 비상 방역체계의 수립과 소독·비상방역 질서 위반 행위의 법적 책임을 구체화하는 방향으로 수정 보충하였다. 그리고 2022년 5월에 의료감정사업에서 나서는 원칙적 문제들과 의료감정기관들의 활동준칙, 의료감정의 절차와 방법, 지도통제에 관한 내용을 담은 「의료감정법」을 제정하였고, 2022년 8월에는 「의약품법」을 제정하였다.

3. 식량 문제 해결을 위한 농업·농촌 문제 총력

2022년에는 어느 해보다 강력하게 농업문제, 농촌문제를 국가 차원의 문제로 인식하면서, 식량 위기에 대응하였다. 북한은 2020년 이래로 식량 위기가 해결되지 않았다. 2021년 4월 8일에 개최된 제6차 노동당 세포비서대회에서, 김정은이 "당 중앙위원회로부터 시작해 각급 당 조직들, 전당의 세포비서들이 더욱 간고한 '고난의 행군'을 할 것을 결심했다"고 언급할 정도로 위기 상황이 이어졌다. 2022년에도 먹거리 문제는 체제유지와 관련한 가장 중요하면서도 시급한 문제로 인식하고 있다. 먹거리 문제는 사회불안 및 체제 위기와 직결되는 문제이기에 최우선 과제로 먹거리 문제 해결에 정책의 최우선 순위를 두었다.

2022년 1월 1일자 『로동신문』은 신년사를 대신하여 제8기 제4차 전원회의를 1면에 실었다.[2] 제8기 제4차 전원회의는 역대 전원회의에서 볼 수 없었던 단일한 주제로 진행되었다. 그 유일한 주제는 농업문제, 농촌문제였다. 식량 상황 개선이 절박하다는 것을 시사한 대회였다. 북한도 제8기 제4차 전원회의를 사회주의 농촌 건설을 위한 중요한 대회로 의미를 부여하였다. 농업문제·농촌문제만을 의지로 진행하여, 농업생산의 지속적 발전을 위해 지도·관리 개선의 중요성을 강조하면서, 체제 유지를 위해서는 식량 불안 해소가 시급하다는 인식 아래, 정책 역량을 집중하였다.

제8기 제4차 전원회의에서는 농업생산 전반에 대한 통일적·계획적·과학기술적 지도 강화 등을 제시하였고, '농업성'을 '농업위원회'로 격상하는 등 농업문제에 대한 지휘, 통제를 강화하였다.

2022년 1월 27일부터 28일까지 2년 만에 농업 부문 열성자대회를 분산 개최하여, 농업문제 해결과 농촌 건설의 중요성을 강조하였고, 2022년 9월 7일에는 「사회주의 농촌발전법」을 제정하여, 농촌발전을 위한 법제도를 정비하였다.

2022년도 주요 국가건설 정책 과업으로 연포남새온실농장 건설 완료를 촉구하였고, 김정은이 2월 착공식과 10월 준공식에 참석하여 '새로운 연포창조정신, 연포불바람을 일으켜 나가야 한다'고 강조하였다. 연포남새온실농장은 군 비행장이었던 부지에 290만㎡ 규모의 온실농장을 건설하는 사업으로, 김정은의 '애민주의', '인민대중제일주의'의 업적으로 선전하는 사업의 하나였다.

---

2 「조선로동당 중앙위원회 제8기 제4차전원회의에 관한 보도」, 『로동신문』, 2022. 1. 1.

2022년 축산업을 소재로 '사회주의 경제 건설'과 '농촌진흥'의 내용을 담은 김정은의 총서 〈푸른대지〉(김영희)를 출판하였다. 김정은의 업적을 소재로 한 장편소설 시리즈인 총서 '불멸의 려정'은 2020년에 교육 분야의 업적을 담은 첫 번째 소설 〈부흥〉(백남룡)이 나왔다. 그리고 2년 만에 농촌 문제를 다룬 총서를 출판하여, 농업 분야에서의 김정은의 업적을 부각하고자 하였다.

4. 문화예술 분야

2022년 북한 문화예술 분야에서 주목되는 작품은 예술영화 〈하루 낮 하루 밤〉이다. 영화를 비롯하여 문화예술 전반에서 김정은 체제 이후 극심한 침체였다. 특히 예술영화는 2016년 〈우리 집 이야기〉 이후 새로운 창작 소식이 없었다. 2016년 이후 6년 만에 신작 예술영화 〈하루 낮 하루 밤〉을 발표한 것이다.

2022년에는 김정일의 생일인 '광명성절'을 즈음하여, '제1차 광명성절 경축 인민예술축전'을 처음으로 개최하였다. '광명성절 경축 인민예술축전'은 김정일 생일을 기념하여, 2022년 처음 개최한 행사로 2022년 2월 12일부터 18일까지 평양의 주요 극장에서 '제1차 광명성절 경축 인민예술축전'을 개최하였다. '광명성절 경축 인민예술축전'은 광명성절을 기념하여 열리는 경축 공연과는 별개로 전국에서 인민예술축전으로 진행하였다.

제7회 '4월의 봄 인민예술축전'을 개최하였다. 북한에서는 김일성의 생일인 4월 15일을 즈음하여, 해외 예술인들을 초청하여 진행하는 '4월의 봄 친선예술축전'을 개최하고 있다. '4월의 봄 친선예술축전'은 격년제로 열리는데, '4월의 봄 친선예술축전'이 열리지 않은 해에는 2008년부터 '4월의 봄 인민예술축전'이라는 이름으로 별도의 행사를 진행하고 있다. 2022년에 제7차 대회를 개최하였다.

Ⅲ. '반사회주의, 비사회주의' 기조와 대응

1. '우리식 생활양식'의 확립을 위한 '애국'

'우리 국가제일주의' 시대에 최고지도자의 정책이 '애민'의 실천이라고 선전하면서, 이에 대한 인민의 도덕과 윤리, 사회기풍으로서 '애국'의 실천을 요구하고 있다. 북한 당국이 인민에게 요구하는 '애국'의 내용은 '우리의 사상이라고 강조하는 집단주의를 지키는 것', '사회주의 미풍양속을 잘 지키는 것', '준법기풍을 지키는 것', '우리의 물건을 아끼고 사랑하는 것', '수령의 애국정신을 본 받는 것', '우리식 생활 양식을 확립하는 것', '수령이 만든 나라가 어떤 의미인지를 배우는 것', '국가 사랑의 실천으로서, 국가상징을 잘 알고 실천'하는 것이다. 이렇게 인민 사랑의 애민과 국가 사랑의 애국을 실천하는 '우리 국가제일주의 시대'로 만들어 나갈 것을 요구하고 있다.

2. '우리식 미풍양속'을 위한 비사회주의, 반사회주의와의 투쟁

북한은 2019년 이후 체제 위기 상황에서 일상에서 '애국'을 실천하는 것으로 '우리 식 사회주의 미풍양속'을 지킬 것을 요구하고 있다.[3] '우리식 생활양식'의 확립은 '이색적인 외래문화'로부터 조선 민족의 우수한

---

3 오충국, 「도덕은 우리 사회를 떠받드는 기초」, 『로동신문』, 2021. 3. 14.

문화 전통을 지키는 것, 준법기풍을 국풍으로 실천하는 것, 사회주의 미풍양속을 실천하는 것으로 구체적으로 제시하였다.

조선로동당 제8차 당대회에서 "전사회적으로 반사회주의, 비사회주의와의 투쟁을 더욱 강도높이 벌릴데 대하여"를 채택한 이래로 비사회주의', '반사회주의'와의 투쟁을 체제 안전과 직결된 문제로 접근하면서, 사회단체를 통한 비사회주의, 반사회주의 조직적 투쟁 사업으로 진행하였다. 2021년 청년동맹회의, 2021년 4월에 개최된 제6차 세포비서대회 등을 통하여, 당 조직의 핵심 사업으로 '고상하고 아름다운 우리 식 생활양식'을 지켜나갈 것을 강조한다.[4]

북한이 강조하는 사회주의 생활 양식의 확립을 위한 정책의 내용은 다음과 같다.

첫째, '우리 식 사회주의 생활 양식'은 민족문화 전통을 이어받은 고유한 생활 양식이라는 것을 강조하면서, 생활 속에서 상시적으로 실천할 것을 요구한다. 북한이 강조하는 사회주의 생활 양식은 "우리 민족의 고유한 미풍량속에 바탕을 두고 우리 인민의 투쟁과 생활 속에서 형성되고 공고화된 가장 건전한 생활 양식이며 사회와 인간의 발전에 참답게 이바지하는 우월한 생활양식"이라는 것이다.

우리 민족은 예로부터 우수한 고유의 민족문화를 창조하였고, 민족의 문화는 일제 강점기의 위기 속에서, 수령에 의해 지켜질 수 있었다. 그 결과 오늘날에도 우리 민족의 우수한 민족문화를 지키고 발전시켜 나갈 수

4 「경애하는 김정은 동지께서 조선로동당 제6차 세포비서대회에서 결론《현시기 당 세포강화에서 나서는 중요과업에 대하여》를 하시였다」, 『로동신문』, 2021. 4. 9. : "반사회주의, 비사회주의소탕전에로 군중을 조직발동하는데서 당세포들이 응당책임과 역할을 다하여야 하겠습니다."

있다는 논리이다. '민족의 문화와 전통을 지키는 것'은 곧 '우리 식 생활 양식을 지키는 것'이라는 것이다.[5] 생활 속에서는 여성들이 치마저고리를 즐겨 입는 것을 비롯하여, 우리 말을 아끼고 사랑하면서, 외부 사상과 문화에 물들지 않도록 교양 사업에 집중할 것을 요구한다.

둘째, 2020년 이후로 사회주의 생활 양식의 실천을 위한 사회 단체의 역할을 강조한다. 사회주의 생활 양식의 실천을 위한 사회 단체의 결의대회와 모임을 집중적으로 개최하였다. 노동당 제8차 당대회 이후 결정 관철의 중요성을 부각하면서, 제8차 당대회 실천 관철을 위한 각종 사회단체의 궐기대회를 진행하였다. 당 중앙위원회 제8기 제4차 전원회의 결정을 집행하기 위한 차원에서 한동안 개최하지 않았던 사회단체 대회, 전원회의, 확대 회의를 2022년에 집중적으로 개최하였다.

2022년 1월 10일부터 사회주의애국청년동맹 궐기대회를 비롯하여, 조선농업근로자동맹, 조선직업총동맹, 조선사회주의녀성동맹 등의 궐기대회와 행진, 평양을 비롯한 지역별 궐기대회, 행진을 개최하였다. 이어 2022년 1월 25일에는 조선사회주의녀성동맹 전원회의를 2021년 10월에 이어 제7기 제4차 전원회의로 개최하였다. 1월 26일에는 사회주의애국청년동맹 전원회의를 2021년 10월에 이어 제10기 제5차 전원회의로 개최하였다. 1월 26일에는 조선직업총동맹 전원회의를 2021년 10월에 이어 제8기 제4차 전원회의로 개최하였다.

북한의 핵심 사회단체의 전원회의를 비슷한 시기에 연이어 개최하면서, 단체의 기강을 다잡고, 조직을 정비하여, 사회 전체적으로 분위기를 조성하였다. 사회 단체의 궐기대회와 전원회의에서 논의한 것은 사회주의의

---

5 「고상하고 아름다운 우리 식 생활양식」, 『로동신문』, 2021. 3. 25.

중요성과 사회주의를 포기하면 망한다는 것이었다. 사회주의 수호를 위해 동유럽 사회주의 국가의 교훈을 강조[6]하고, 천리마 시대를 소환하여 청년을 비롯한 전 계층에 우리식 생활 양식을 강화하였다.

셋째, 인민 생활 현장에서의 교양 사업을 강화하였다. 인민들의 생활 현장에서 사회주의 교양을 강화하기 위한 기간 조직의 선전 활동을 강조하였다. 노동당의 말단 조직인 초급당 대회, 선전부문 실무자를 위한 대회를 개최하였다. 2016년 12월에 제1차 전당초급당대회를 개최한 이후로 당의 선전·선동 사업의 주체로서 초급당원들의 역할을 강조하고 있다. 이어서 2022년 3월에는 제1차 선전부문일군강습회를 개최하였다. 제1차 선전부문일군강습회는 선전부문의 실무 일군들을 대상으로 한 강습회로 2022년에 처음으로 열린 대회였다. 대회를 앞두고 김정은은 서한을 보내 반사회주의와 비사회주의에 대한 투쟁을 강조하였다. 북한에서도 "반사회주의, 비사회주의와의 투쟁에서 사상전의 포격을 집중화 · 정밀화할 데 대해 강조했다"고 보도하였다.[7]

3. '국가상징' 사랑을 통한 애국 실천

북한에서 비사회주의와 반사회주의에 대한 투쟁이자 '우리 식 사회주의'를 실천하는 방향의 하나로 강조하는 것은 '국가상징'이다. 북한이 공식으로 지정한 국가상징은 북한 헌법에서 규정한 것과 김정은 체제에서

---

6 오충국, 「도덕은 우리 사회를 떠받드는 기초」, 『로동신문』, 2021. 3. 14. : "동유럽 사회주의나라들의 교훈은 무엇을 보여주는가. 그것은 도덕문제를 소홀히 대한다면 사회주의의 기초를 약화시키는 결과를 초래하게된다는 것이다."

7 「북한, 제1차 선전부문일군 강습회 개최…김정은 선전간부들에 서한」, 『연합뉴스』, 2022. 3. 29. https://www.yna.co.kr/view/PYH20220329003700042.

새로 규정한 것을 포함하여 10개이다. 10개의 국가 상징은 '국호(國號)', '국기(國旗)', '국장(國章)', '국가(國歌)', '국화(國花)', '국수(國樹)', '국조(國鳥)', '국견(國犬)', '국주(國酒)', '국어(國語)'이다. 이 중에서 국호, 국기, 국장, 국가는 헌법에 규정한 국가상징이고, 국화, 국수, 국조, 국견, 국주, 국어는 국가상징이지만 헌법에서 규정한 것은 아니다.[8] '우리 국가제일주의' 이후로 '애국으로서 '국가상징'에 대한 교육과 실천에 대한 요구가 높아졌다.

2018년부터 『로동신문』에 집중적으로 국가상징의 의미와 제정 내용을 게재하였다. 국가상징이 어떤 것이며, 어떤 내용을 담고 있고, 국가상징을 제정하는 과정에서 김일성, 김정일이 어떤 역할을 했는지를 조명하였다. 북한의 국가상징은 10개인데, 헌법에서 규정한 것 이외에도 2015년 이후로 지정한 것들이 포함되어 있다. 학교 교육에서 국가상징을 교양하고, 국가상징에 대한 문학예술 작품을 통해서 의미를 확장하고 있다.[9]

2019년 2월 20일자 『로동신문』은 「(논설)우리 국가제일주의를 높이 들고나가기 위한 방도」를 통해 '우리 국가제일주의'에 맞는 교양 사업 강화를 강조하였다. 논설에서 제시한 실천 방안은 '애국기풍', '준법기풍'의 확립이었다. '애국기풍', '준법기풍'을 연결하는 것은 국가상징이다. 국기와 국가를 비롯한 국가상징의 의미를 잘 알고 사랑하듯이, 헌법을 비롯한 국가의 모든 법을 절대로 존중하는 것을 준법기풍의 근원으로 보고 있다.

청년들을 외부 문화의 유입으로 인한 사상적 오염으로부터 지키는 문제를 '심각한 정치 투쟁이자 계급투쟁'으로 규정하고, 준법기풍을 명분으

---

8 북한의 국가상징 지정과 의미에 대해서는 이지순·김무경·전영선, 『국가상징의 문화적 형상과 북한의 브랜드전략』, 통일연구원, 2021 참고.

9 북한의 국가상징 지정과 활용에 대해서는 이지순·김무경·전영선, 『국가상징의 문화적 형상과 북한의 브랜드전략』, 통일연구원, 2021 참고.

로 삼았다. 2019년 4월 김정은의 시정연설에서는 '사회주의 우리 문화가 제일이고, 우리의 생활 양식과 도덕이 제일이라는 긍지와 자부심'을 강조하면서, '집단주의적 생활기풍과 도덕 기풍을 발휘'하여 시대적 미감에 맞는 "우리 식의 혁명적이고 랑만적인 생활문화를 적극 창조하고 널리 향유"해야 한다면서, "사람들의 정신을 침식하고 사회를 변질타락시키는 온갖 불건전하고 이색적인 현상들의 자그마한 요소에 대해서도 경계심을 가지고 사상교양, 사상투쟁을 강도높이 벌리며 법적투쟁의 도수를 높여 우리 국가의 사상문화진지를 굳건히 수호"할 것을 역설하였다.[10] 구체적으로 강조하는 사회주의 생활 양식을 실천하는 자세는 '집단주의 정신의 발휘', '노동에 대한 올바른 태도', '헌신적인 복무'이다.[11]

국가상징으로 강조하는 주요 매체의 하나는 '국기'이다. 2022년 1월 28일 최고인민회의 상임위원회 14기 19차 전원회의를 개최하여 「조선민주주의인민공화국 국기법」을 수정 보충하여, 국기 게양식 규제 등을 정비하는 등 국가상징에 대한 관리 및 교양 사업을 강화하였다.

애국으로서 '국가 상징'에 담긴 수령의 애민 정신의 실천이다. 국기를 아이템으로 하는 패션, 국가상징인 소나무와 관련한 나무심기 사업, 국견인 풍산개를 앞세운 유용동물 보호, 국어로서 문화어를 강조하는 언어생활, 국주인 평양소주를 통한 국산품 애용 등의 실천으로 요구하였다. 이를 통해 '우리 식 사회주의 생활양식'을 실천하는 것은 '애국'을 실천하는

---

10 「조선로동당 위원장이시며 조선민주주의인민공화국 국무위원회 위원장이신 우리 당과 국가, 군대의 최고령도자 김정은동지께서 력사적인 시정연설을 하시였다」, 『로동신문』, 2019. 4. 13.

11 서성범, 「사회주의생활양식확립은 혁명의 전진발전을 위한 중요한 사업」, 『로동신문』, 2021. 3. 14. : "모든 근로자들이 집단주의정신과 로동에 대한 옳바른 태도, 헌신적복무관점을 지니고 혁명적열정과 기백에 넘쳐 일해나갈 때 사회주의경제건설이 보다 활력있게 전진하게 되며 이를 위한 선결조건이 바로 사회주의생활양식 확립이다."

것인데, 애국을 실천하는 것은 국가상징을 잘 아는 것으로부터 시작한다는 것을 강조한다.

4. 행사 및 명절 공연 변화

'우리 식 생활양식'의 확립에서는 '비사회주의·반사회주의'에 대한 통제와 함께 인민들에게 새로운 대중문화를 공급하는 방식으로 대응하고 있다. 북한은 대외문화의 유입을 차단하고, 사회주의 미풍양속을 강조하면서 내부적인 통제를 강화하는 한편으로 새세대 문화적 취향과 높이에 맞추어 문화적 대응력을 높이려는 변화를 보이고 있다.

우선 주목되는 것은 주민들에게 새로운 볼거리를 공급하는 것이다. 2019년 이후로 주요 명절에서 주민 동원 행사 대신 축제성 '이벤트 행사'로 진행하고 있다. 주요 명절에 인민들이 참여하는 '대집단체조와 예술공연'같은 대형 이벤트 공연이 없었다. 인민들이 참여하는 동원식 행사에서, 인민들에게 볼거리를 제공하는 이벤트성 행사로 진행하면서, 다양한 볼거리를 보여주고 있다.

2020년과 2021년에 있었던 조명축전 〈빛의 조화〉, 2022년의 김일성 탄생 110주년 공연에서 배경으로 보인 조명 장식과 새로운 가수의 등장, 9·9절 공연에서 있었던 노동당 청사를 배경으로 한 조명장치 등은 명절의 이벤트를 극대화하는 것이었다.

2021년에 서정적인 리듬의 가요 〈그 정을 따르네〉, 〈우리 어머니〉를 선보였다. 김옥주와 차윤미를 앞세운 두 곡의 화면 영상은 기존의 화면 영상과는 차별화된 현대적 감각의 메이킹 필름으로 세련되게 제작하였다.

새로운 가수의 등장도 주목된다. 2022년 7월 27일에 열린 전승절 기념행사에서는 정홍란, 김류경, 문서향 등의 신인가수들이 새로 등장하여 화려한 의상과 무대 워킹을 선보였으며, 2022년 9월 8일에 개최된 북한 정권수립 74주년 기념 공연에서도 가수 정홍란과 김류경은 헤어스타일과 의상으로 주목을 받았다. 특히 '풀뱅' 헤어스타일을 하고 정장 바지를 입고 공연한 정홍란은 헤어, 바지정장, 빠른 비트의 노래, 백댄서의 춤 등으로 북한에서 볼 수 없었던 서구적 스타일의 무대를 연출했다.

2022년에 발표한 예술영화 〈하루 낮 하루 밤〉도 주목된다. 예술영화 〈하루 낮 하루 밤〉은 2016년 〈우리 집 이야기〉 이후 6년 만에 발표한 신작 예술영화이다. 북한 영화에서는 볼 수 없었던 스릴러적인 요소로 극적 긴장감을 높인 티저 영상은 새로운 세대를 겨냥한 것으로 판단된다.

Ⅳ. 북한 사회문화 정세 전망

2023년 북한의 사회문화는 2022년의 정세 기조를 유지할 것으로 전망된다. 대외적으로 북한이 정책을 변화할 수 있는 미국, 중국 등의 정치 상황 변화가 없다. 북한 내부적으로도 주요한 정치 일정이 없다. 노동당 제8차 당대회의 기조를 그대로 유지하면서, 대외적인 협력이나 교류를 모색하기보다는 외부의 영향력을 최소화하는 내부 단속을 강화할 것이다.

북한의 위기 상황이 개선될 여지도 크지 않다. 식량, 보건의료, 경제, 문화에서 근본적인 변화가 예상되지 않은 상황에서 내적 자원의 동원과 애국을 키워드로 한 정책이 이어질 것이다. 대내외적 위기 속에서 먹거리 문제 해결을 중심으로 농업 문제에 집중하면서, 내적 자원 동원과 경제 살리기를 위한 애국의 실천을 요구할 것이다.

'인민대중제일주의'와 '우리 국가제일주의'는 김정은 체제에서 이데올로기로 강화한 것으로 당분간 '변화'보다는 '강화'로 방향을 잡을 것이다. 2021년 제8차 당대회 이후 김정은은 각 부문별·기층 조직과의 접촉을 확대하면서, 노동당을 중심으로 한 유일영도 체계를 강화하였으며, 2021년 10월 김정은을 수령으로 추대하였고, 2022년에는 최고수위 추대 10년 행사를 본격적으로 진행하였다. 2023년은 수령으로서 김정은의 사상을 전면적으로 부각해야 하는 시기이다. 인민들에게 애국을 요구하기 위한 전제 조건으로, 모든 정책을 '애민'과 연결할 것이고, 이데올로기로서 김정은의 애민 사상을 당의 모든 조직과 사회단체를 통하여, 전인민적 학습과 인민 교양 사업으로 강화할 것이다.

대외적으로는 사회주의 국가를 중심으로 한 국제연대를 모색하면서, 대내적으로는 사회생활에서 도덕 기풍 확립을 강도 높게 요구할 것이다. 당의 선전선동사업을 담당하는 기간 조직의 쇄신을 요구하는 정풍운동과 인민을 위한 헌신의 태도를 강조할 것이다.

2023년의 북한 정세는 남북관계에도 부정적인 영향을 미칠 것이다. 북한으로서는 남북관계를 개선하거나 대화에 나설 상황이 아니다. 북한은 위기의 원인을 외부 위협으로 전가하면서, 주민들에게는 강도 높은 비사회주의, 반사회주의 척결과 '우리 식 사회주의 확립'을 요구할 것이다. 외부의 요인으로 우선 남한을 지목할 것이다. 북한은 2022년 6월 최고인민회의 상임위원회 제14기 제23차 전원회의에서 '최고인민회의 제14기 제8차 회의를 2023년 1월에 소집하기로 결정'하였다. 소집 목적의 하나로 '평양문화어보호법 채택과 관련한 문제'이다. '우리 식 사회주의 확립'의 가장 큰 투쟁의 대상으로 한국의 말투를 지목한 것이다.

남한의 상황도 나쁘다. 경제적인 상황이 좋지 않다. 남북 대화를 추진할 수 있는 분위기도 아니고, 대화의 필요성도 크지 않고, 대화의 방향도 보이지 않는다. 남북 대화를 시도할 모멘텀도 보이지 않는다. 논리적이고 합리적인 판단으로 보면 대화의 가능성은 제로에 가깝다. 하지만 정치 논리는 일반 논리의 합리적 판단을 초월한다. 어떤 극적 상황이 연출될 수도 있다. 하지만 만에 하나 극적으로 대화 상황이 연출된다고 해도 효과는 극히 제한적일 것이다.

집필진 소개

■ 김성민

건국대학교에서 철학 박사를 취득한 김성민은 2001년부터 건국대학교 철학과 교수로 재직 중이다. 2008년 "소통·치유·통합의 통일인문학"을 어젠다로 '통일인문학연구단'을 출범해 단장을 맡고 있다. 건국대학교 문과대학 학장과 제52대 한국철학회 회장을 역임했고, 현재 민주평화통일자문회의 상임위원, 민화협 정책위원장, 국제고려학회 서울지부장을 수행 중이다. 주요 연구와 저서로는 '통일의 인문적 비전: 소통, 치유, 통합의 통일인문학(한국민족문화, 2017)', 〈통일인문학: 인문학으로 분단의 장벽을 넘다(알렙, 2015)〉, 〈분단극복을 위한 집단지성의 힘(한국문화사, 2018)〉 등이 있다.

■ 박인휘

미국 노스웨스턴대학교에서 1999년 정치학 박사를 취득한 박인휘는 2004년부터 이화여자대학교 국제학부 교수로 재직하며 국제안보, 동북아국제관계 등을 강의하고 있다. 청와대 안보실 자문위원, 대통령 직속 통일준비위원회 전문위원 등을 역임했으며, 2023년부터 제67대 한국국제정치학회 회장을 수행할 예정이다. 민화협 정책위원, 한반도평화만들기 이사, 윤보선민주주의연구원 운영위원, 안민정책포럼 부회장, 중앙일보 독자위원 등 각종 NGO, 싱크탱크, 언론 등에도 적극 활동하고 있다. 주요 연구와 저서로는 '*The Koreas between China and Japan*(Cambridge출판사, 2014)'의 북챕터, 〈한국형 발전모델의 대외관계사(편저, 인간사랑, 2018)〉, 〈탈냉전사의 재인식(편저, 한길사, 2012)〉 등이 있다.

■ 성기영

영국 워릭대학교에서 국제정치학 박사를 취득한 성기영은 국가안보전략연구원 외교전략연구실장 겸 책임연구위원으로 재직 중이다. 미국 남캘리포니아대학교에서 박사 후 과정을 수료했고, 대통령 직속 통일준비위원회 정책보좌관과 통일부 통일정책협력관을 역임했다. 1995년부터 2005년까지 동아일보사와 시사저널 기자로 일한 경력을 갖고 있다. 최근 수행한 주요 연구로 '한·미·일 안보협력 확대에 대한 각국의 인식과 주요 쟁점 및 과제(국가안보전략연구원, 2022), '러시아-우크라이나 전쟁 평가와 향후 국제질서 전망(공저·국가안보전략연구원, 2022)' 등이 있다.

■ **홍석훈**

미국 조지아대학교에서 2013년 정치학 박사를 취득한 홍석훈은 현재 국립창원대학교 국제관계학과에 재직하며 북한정치, 국제정치, 한미·북미관계, 통일·대북정책 전문가로 활동하고 있다. 통일연구원 연구위원과 기획조정실장, 성균관대학교 겸임교수 등을 역임했고, 현재 창원대 미래융합연구소 미래시대준비통일센터장, 한국국제정치학회 편집위원, 한국동북아학회 총무이사 등을 수임하고 있다. 최근 수행한 주요 연구로 〈12개 주제로 생각하는 통일과 평화, 그리고 북한(박영사, 2022), '지속 가능한 대북정책을 위한 남남갈등 쟁점 분석(JNKS, 2022),' '*North Korea's Transition of its Economic Development Strategy*(The Korean Journal of Defense Analysis, 2018)' 등이 있다.

■ **최지영**

고려대학교에서 2011년 경제학 박사를 취득한 최지영은 2019년까지 한국은행 경제연구원에서 재직하였으며, 현재 통일연구원에서 북한경제를 연구하고 있다. 통일부 정책자문위원을 역임하였으며, 통일부 자체평가위원과 민주평화통일자문회의 상임위원, 북한대학원대학교 겸임교수를 맡고 있다. 최근 수행한 주요 연구로 '독일통일을 통해 본 남북한 인구통합전망(북한연구학회보, 2020)', '한반도 생활공동체 형성을 위한 남북협력 방향 모색(KINU, 2021)', '김정은 집권 이후 북한의 재정금융 제도 변화(KINU, 2022)' 등이 있다.

■ **정대진**

연세대학교 통일학 박사를 취득한 정대진은 현재 한라대학교 글로벌비즈니스학부에 재직하고 있다. 한국고등교육재단 국제교류팀장, 아주대학교 아주통일연구소 연구교수를 역임했으며, 신진·소장학자 중심의 독립연구법인 '한평정책연구소' 평화센터장, 민화협 정책위원, 민주평화통일자문회의 상임위원, 법무부 인권정책자문위원으로 활동하고 있다. 주요 논저로 '남북한 통합의 법적 쟁점: 자결권을 중심으로(통일과법률, 2018)', 〈공정한 국제질서와 한반도의 지속가능한 평화(공저, 시공사, 2021)〉, 〈한반도스케치北(공저, 책마루, 2021)〉 등이 있다.

■ 안병민

안병민 한반도경제협력원 원장은 우리 사회를 대표하는 북한 경제와 유라시아 교통물류시스템 전문가다. 1987년부터 2020년까지 한국교통연구원 북한유라시아연구소장으로 재직하였으며, 대통령 직속 북방경제협력위원회 위원, 남북관계발전위원회 위원, 청와대 국가안보실 정책자문위원, 통일부 및 국방부 정책자문위원 등으로 정부 정책을 자문했다. UN ESCAP(아시아태평양경제사회위원회) National Expert, UNDP(UN개발계획)와 TRADP(광역두만강개발계획) 컨설턴트직을 역임했다. 현재 북한경제포럼 회장, 희망래일 대륙철도연구소장, 동아시아철도포럼 대표, 한국철도공사 비상임이사, 한겨레신문 한겨레통일문화재단 이사로도 활동하고 있다.

■ 강성진

미국 스탠퍼드대학교에서 1999년 경제학 박사를 취득한 강성진은 경제발전론을 세부 전공으로 현재 고려대학교 경제학과 교수로 재직 중이다. 통일부 정책자문위원과 한국경제연구학회 회장을 역임했고, 현재 고려대 경제연구소 소장 및 에너지환경대학원 에너지기술정책전문가 과정(GETPPP) 단장을 수임하고 있다. 2023년부터 제46대 한국국제경제학회 회장을 맡을 예정이다. 최근 수행한 주요 연구로 '*Evaluation of Sustainable Development Goals for North Korea and Its Implication*(Korea and the World Economy, 2022),' 〈가보지 않은 길 가야 할 길: 김정은 북한경제(해남, 2019)〉, 〈경제체제전환과 북한: 지속가능발전의 관점에서(고려대출판문화원, 2017)〉 등이 있다.

■ 김영훈

고려대학교에서 1998년 경제학 박사를 취득한 김영훈은 현재 한국농촌경제연구원에 재직하며 북한 농업 분야 전문가로 활동하고 있다. 2000년부터 2015년까지 여러 차례 방북하며 협력사업 주체와 정부에 필요한 자문 역할을 수행했다. 대통령 직속 통일준비위원회 위원, 농어업·농어촌특별위원회 남북협력분과위원회 위원장을 역임했고, 현재 통일부 정책자문위원, 민주평화통일 자문회의 상임위원, 민화협 정책위원을 수임하고 있다. 최근 수행한 주요 연구로 '남북한 경협 재개 국면의 농업교류협력 구상과 추진 방안 (KREI, 2019)'과 '북한의 농림축산물 교역 동향 분석과 전망 (KREI, 2018)'이 있다.

■ 강영식

우리 사회를 대표하는 대북 인도적 지원 전문가이자 통일운동가인 강영식은 고려대학교 사학과를 졸업하고 1996년 대북지원 민간단체인 '우리민족서로돕기운동'의 창립부터 2019년 사무총장직으로 마무리할 때까지 20여 년간 남북관계 최일선에서 활동했다. 60여개 대북지원단체의 연합체인 '대북협력민간단체협의회' 운영위원장과 정책위원장, 남북산림분야 협의체인 '겨레의숲' 운영위원장을 역임했다. 2019년 제7대 남북교류협력지원협회 회장에 취임하여 지자체, 경협 기업 등 여러 기관의 남북 교류협력사업을 지원하고 정부의 대북 정책과 추진 업무에 관여하기도 했다. 현재 '우리민족서로돕기운동' 공동대표로 남북협력과 대북지원사업에 참여하고 있다.

■ 전영선

한양대학교에서 2001년 문학박사를 취득한 전영선은 건국대학교 통일인문학연구단에 재직하며 북한 사회문화 전문가로 활동하고 있다. 대통령 직속 통일준비위원회 위원, 겨레말큰사전 남북공동편찬위원회 이사, 통일부 정책자문위원을 역임했으며, 현재 민주평화통일자문회의 상임위원, 민화협 평화통일교육위원장 및 정책위원을 수임하고 있다. 2023년부터 제27대 북한연구학회 회장을 맡을 예정이다. 최근 수행한 주요 연구로는 〈북한 아파트의 정치문화사 : 평양 건설과 김정은의 아파트정치(경진출판, 2022)〉, 〈공화국의 립스틱 ; 김정은 시대 뷰티와 화장품(종이와나무, 2021)〉, 〈어서와 북한 영화는 처음이지(늘품플러스, 2019)〉 등이 있다.